동영상으로
인문학
공부하기

# 동영상으로
# 인문학
# 공부하기

초판 1쇄 발행 2023년 12월 20일

지은이      김현
펴낸이      이기봉
편집        좋은땅 편집팀
펴낸곳      도서출판 좋은땅
주소        서울특별시 마포구 양화로12길 26 지월드빌딩 (서교동 395-7)
전화        02)374-8616~7
팩스        02)374-8614
이메일      gworldbook@naver.com
홈페이지    www.g-world.co.kr

ISBN    979-11-388-2598-6 (03300)

▶ 유튜브 포함

# 동영상으로 인문학 공부하기

김현 지음

철학, 예술, 과학, 경제, 정치·사회, 윤리·정의, 종교, 영성, 명상, 문학 등

**인문학 공부의 핵심은 먼저 동영상 강좌를 들은 후 나중에 책을 읽는 것이다**

좋은땅

## 들어가기

　우리는 어디서 왔는가? 우리는 누구인가? 우리는 어디로 가는가? 프랑스 화가 고갱의 그림에도 표현되어 있는 이 테마는 누구나 인간이라면 지속적으로 관심을 갖기 마련이다.

　따라서 사람들은 이 문제 해법의 조그마한 실마리라도 찾기 위해 철학, 예술, 과학, 종교 등 소위 말하는 인문학 공부를 하고 있거나 시작해 보려고 할 것이다. 하지만 평소 인문학 소양이 많거나 훈련이 잘된 전공자들이 아닌 평범한 사람들이 접근하기가 쉽지 않다고 생각한다.

　먼저 일반인들은 책을 사서 읽으면서 시작하려고 할 것이다. 문제는 처음부터 어려운 개념을 이해하면서 공부를 진행하는 게 쉽지 않다는 것이다. 특히 요즘 인간과 세상을 이해하기 위해 알아야 할 철학적 개념은 물론이거니와 우주론, 양자역학, 진화론, 뇌과학 등 과학 분야를 이해하는 것은 혼자 책으로 공부하는 것만으로는 어렵다.

　이 책은 인문학에 관심이 많았던 저자가 경험을 바탕으로 그동안 공부해 왔던 방법을 독자 여러분들과 공유하기 위해서 쓰게 된 것이다. 핵심은 먼저 동영상 강좌를 들은 후 나중에 책을 읽는 것이다. 저자는 여기서 관련된 많은 동영상 강좌(유튜브 포함)를 소개할 것이다. 물론 화질이 떨어지거나 전공자들이 볼 때는 수준 이하의 강좌들도 있을 수 있으나 독자들의 판단에 맡기겠다. 요즘 유튜브 같은 데서 쓰레기 정보가 넘쳐난다고 하지만 그 안에는 정말 훌륭한 각 분야 전공자들이 우리들 같은 입문자들을 위해 어려운 개념들을 쉽게 설명하기 위해 많은 노력을 기울여 올려놓은 동영상들이 많다. 다시 대학 들어가서 해당 전문과목을 듣지 않는 이상, 지금 현재로서는 이분들의 도움을 받는 게 최선의 방법이라고 생각한다.

동영상 강좌를 듣는 건 책을 읽는 것보다는 많은 시간이 소요되며 처음에는 상당한 인내심이 필요하다. 하지만 어려운 개념도 여러 강사분들의 보완적인 설명을 듣다 보면 이해하기가 더 쉬워진다. 이렇게 인내심을 가지고 강의를 듣다 보면 나중에 어려운 철학책이나 다른 인문학책 및 과학책들도 완벽하게 이해는 못 하더라도 술술 읽어 가는 자신을 발견하며 희열을 느낄 것이다.

독자분들도 빅히스토리에 대해서 들은 적이 있을 것이다. 빅히스토리는 인간 역사 이전부터 현재까지의 세계 역사 전체를 종합적으로 이해하고 이를 하나의 큰 이야기로 표현하는 학문 분야이다. 소위 말하는 철학, 역사, 종교, 사회학 등의 인문학 플러스 우주론, 양자역학, 지구과학, 생명과학, 진화론, 뇌과학 등 과학지식을 종합적으로 활용하여 인간 및 세계 역사를 이해하고 설명하는 학문이다. 이 학문은 단순히 인간의 역사만을 다루는 것이 아니라 우주 탄생부터 현재까지의 우주와 세계, 지구, 인류의 역사를 총체적으로 다루는 학문이다.

저자는 이 책에서 빅히스토리에 관해서 소개하려고 노력할 것이다. 하지만 빅히스토리란 말이 그렇게 대중화되어 있지 않기 때문에 이 모든 것을 그냥 인문학 공부라고 표현하려고 한다. 인류가 현재까지 알아낸 지식, 사고의 능력 즉 지성사에 관한 것이다.

우리가 어디를 향해 나아가는지, 앞으로 다가올 미래의 모습은 어떠할지 알기 위해서는 우선 지금 우리가 어디에 서 있는지, 그리고 어떻게 여기까지 오게 되었는지를 알아야만 한다.

우리 사회도 인문학에 관심을 가진 지가 꽤 오래되었다고 생각한다. 마이클 샌델 교수의 〈정의란 무엇인가〉가 우리나라에서 선풍적 인기를 끈 지가 벌써 10년이 넘은 거 같다.

중년에 들어선 사람이든 젊은 사람이든 간에 바쁜 생활을 영위하면서도 문득문득 '과연 사는 게 무엇이고 세상은 어떻게 생겨서 지금 이 모양인가?', '모순투성이 세상은 아닌가?', '또 사후 세계는 있긴 하는 걸까?' 등등 생각이 들 것이다. 끈기 있게 동영상 강의를 듣고 관련된 책을 보면 희미하게나마 자신이 지금 어떻게 살아야 하는가를 알 수 있을 것이다.

물론 인생의 목표가 정해져 있는 '무엇이 있는 것인가?' 또는 '어떻게 살아야 하는가?'는 정답이 있지는 않을 것이다. 하지만 지금 현재까지 인류가 알아낸 지식, 즉 철학, 예술, 과학, 정치, 경제, 사회, 심리학, 윤리, 정의, 종교 등을 종합적으로 파악하고 이해할 수 있다면 그렇지 않은 사람보다는 자기의 인생을 훨씬 더 풍요롭게 가꿀 수 있으며 어떤 목표를 가지고, 어떻게 살아야 하는가를 조금 더 알 수 있지 않을까 생각한다.

가급적이면 저자가 만든 차례 순서대로 강좌를 시청하기를 추천한다. 한 챕터 후에 관련된 책을 읽기를 권하지만 책을 읽기 싫은 사람들은 동영상 강좌를 처음부터 끝까지 다 시청한 후 나중에 책과 친해지는 것도 좋은 방법일 수도 있다고 생각한다.

동영상으로 인문학 공부하기

한 가지 더 추천할 것은 이 책을 처음부터 끝까지 먼저 읽고 난 후에 동영상 강좌를 시청하기를 바란다. 동영상 강좌의 제목만이라도 한 번 훑어보기를 권장한다.

처음에는 인문학 강좌 듣는 게 지루할 수 있지만 수준 높은 강의가 우리를 힐링해 주는 것을 체험할 것이다.

# 차례

## 일러두기

- 〈  〉는 책 제목
- 유튜브 강좌의 경우, 유튜브-사이트 이름-재생목록-강좌 순으로 표시했습니다.
  예) 유튜브-5분 뚝딱 철학-고대철학-강좌명
- 네이버-열린연단 찾아보기 쉽게 목록을 부록에 올려놨습니다.
- 더 알차고 유익한 사이트 알고 계신 분은 메일 주세요.
  저자 E-mail: drkhyun@naver.com

# I.
## 철학

# 1. 세계 철학사

저자가 생각하기에 인문학 입문의 첫걸음은 철학사를 공부하는 것이다.

크게 나눠서 서양 철학, 중국 철학, 인도 철학이 있는데 고대부터 현대 철학까지 철학적인 사상들의 변천사를 다룬다.

맨 첫 번째로 소개할 강좌는 인문학 교육포털인 아트앤스터디(www. artnstudy.com 또는 모바일앱)에 있는 이정우 교수의 '철학사 입문코스'이다. 처음부터 유료 사이트를 소개하게 돼서 곤혹스러운데 참고로 저자와 아트앤스터디하고는 아무런 연관이 없다는 걸 밝힌다. 그다음으로는 '철학사 입문코스' 이후 이정우 교수가 집필한 〈세계철학사〉 1~4권을 기반으로 한 강좌 '세계철학사 대장정'인데 인문학 입문을 위해서는 제일 먼저 시청해야 할 강좌라고 생각한다. 인문학 공부의 시작이자 끝이라고 해도 과언이 아니다. 이정우 교수가 상세하게 차근차근 설명해 주기 때문에 철학 입문자들도 충분히 따라갈 수 있다고 본다. 성인들은 강의료에 투자할 여력이 충분히 있다고 생각하지만 비용이 부담되는 학생들은 책을 구매해서 정독하기를 강력히 추천한다.

다음에는 중국 철학, 인도 철학이 있는데 '세계철학사 대장정' 강좌에도 많이 포함되어 있다.

동영상으로 인문학 공부하기

조금 더 자세한 강좌는 유튜브 코리안아쉬람TV의 '중국철학 사상사'와 '인도철학과 힌두교'를 시청하기 바란다.

처음부터 분량이 많고 다소 어려운 강좌를 소개한 것 같은데 앞으로 다루게 될 정치, 사회, 경제, 예술, 종교 등 많은 분야의 기본지식이기 때문에 차근차근 그리고 집중력 있게 시청하여 여러분들 지식쌓기의 첫관문을 통과하기 바란다.

---

**🔍 강좌 사이트**

모바일앱-아트앤스터디
   -철학사 입문코스 - 이정우
   -세계철학사 대장정 - 이정우
유튜브-코리안아쉬람TV
   -중국철학 사상사
   -인도철학과 힌두교

---

**📖 관련된 책**

〈세계철학사〉 1~4권 - 이정우
〈러셀 서양철학사〉 - 버트런드 러셀
〈5분 뚝딱 철학〉 - 김필영
〈간명한 중국철학사〉 - 펑유란
〈인도철학사〉(개정판) - 길희성

## 2. 시대별 서양 철학자들

철학사 강좌를 시청한 독자들 중 입문자들은 철학 심화편인 시대별 철학자들 파트는 건너뛰고 다음 예술 파트부터 끝까지 강좌를 시청하고 난 다음에 공부해도 좋다.

평생 관심을 가지고 들락거리면서 봐야 하기 때문이다. 정치, 경제, 예술, 사회, 과학, 종교 등 모든 인문학 공부 중 알아야 할 개념, 사상 등이 여기서부터 나왔기 때문이다. 세계 철학사 강좌를 시청한 독자들은 어느 정도의 개념을 확립했기 때문에 이 책 끝까지 강좌를 듣고 난 후 다시 돌아와서 차분히 마스터하길 추천한다.

먼저 저자가 자주 들어가는 사이트를 소개하려고 한다.

수준 높고 방대한 양의 강좌가 들어 있어서 앞으로 소개하는 강좌 사이트를 보면서 이해되지 않는 부분이 있으면 수시로 들어가서 참고하기를 바란다.

## 1) 고대 철학

서양 고대 철학은 역사적으로 고대 그리스에서 시작된 철학적인 사고와 학문을 말한다. 철학의 초기 형태와 주요한 철학적 문제들이 탐구되었다. 인간의 존재, 지식, 윤리, 정치, 신의 존재와 성격 등의 영역을 탐구하였으며 이는 서양 철학의 발전과 기반을 이루었다. 서양 고대 철학은 그 이후의 철학적인 사고와 학문에 깊은 영향을 미치면서 지속적으로 연구되고 발전되어 왔다.

그리스 철학으로 들어가기 전에 그리스 신화와 문화에 대해서 간단히 소개하려고 한다.

기본지식으로서 반드시 알아야 하기 때문이다.

### 🖱 강좌 사이트

모바일앱-ebs class e-상징으로 보는 그리스 로마신화 – 김길수

네이버-열린연단

    -[문화정전]-13강. 희랍과 희랍철학, 하나의 개관 – 이태수

          -14강. 희랍 비극의 세계 – 유종호

          -17강. 헤로도토스 〈역사〉 – 김경현

          -18강. 호메로스 〈일리아스〉, 〈오디세이아〉 – 김헌

    -[고전]-10강. 소포클레스 〈오이디푸스왕〉, 〈안티고네〉 – 강대진

유튜브-캐내네 스피치-최강1교시-그리스 로마신화: 신들의 이야기 – 김헌

유튜브-문명여행자-그리스 신화

유튜브-플라톤아카데미TV-인문학세미나, 지혜의 향연

    -〈일리아스〉, 운명의 수용에 관한 서사시

    -헤로도토스 〈역사〉, 인간을 위한 탐사여행

    -8대 고전 읽기-〈오디세이아〉 – 강대진

### 📖 관련된 책

김헌의 〈그리스 로마 신화〉 – 김헌

〈일리아스〉 – 호메로스, 천병희 역

〈오뒷세이아〉 – 호메로스, 천병희 역

〈역사〉 – 헤로도토스, 천병희 역

〈그리스 비극〉 – 아이스킬로스·소포클레스·에우리피데스, 곽복록·조우현 역

## (1) 소크라테스 이전 철학자들

고대 그리스에서 소크라테스 이전에는 몇 가지 주요 철학적 학파와 사상이 존재했다. 이러한 학파들은 그들 시대의 철학적 사고와 기여를 반영하며 그중 일부는 후대 철학의 기반을 마련한 중요한 역할을 해 왔다.

- 밀레토스 학파: 밀레토스 학파는 자연적 원리와 원소에 대한 고찰을 다루었다. 밀레토스 학파의 대표적인 철학자 중 하나인 탈레스는 '물'을 모든 것의 근본 원리로 여겼으며 다른 철학자들은 다른 원소를 중요시했다.
- 피타고라스 학파: 피타고라스와 그의 제자들은 수와 숫자의 의미를 탐구하여 수학과 철학을 결합하려는 시도를 했다. 그들은 우주의 조화와 숫자의 중요성을 강조하며 수학적 원리와 윤리적인 가르침을 품었다.
- 헤라클레이토스 학파: 헤라클레이토스는 '모든 것은 흐른다'라는 구절을 통해 세상의 불확실성과 변화를 강조했다. 그는 상대적인 관점을 중요시하며 언어와 사고의 관계에 대한 고찰을 했다.
- 엘레아 학파: 엘레아 학파의 철학자들은 변하지 않는 진리를 추구하며 특히 영역을 넘어선 무한의 개념을 탐구했다. 이 학파의 대표적인 철학자인 파르메니데스는 어려운 철학적 주제를 다루었다.

이러한 초기 학파들의 철학적 아이디어는 후대의 철학 발전에 큰 영향을 미치며 소크라테스 이후에는 플라톤과 아리스토텔레스와 같은 철학자들이 이전의 아이디어를 받아들여 발전시켜 나갔다.

유튜브-페이퍼르네상스-고대철학

  -철학이란 무엇인가? '철학의 역사'로 들어가는 입구

  -최초의 철학자들: 밀레토스 학파에 대하여

유튜브-지혜의 빛

  -지혜로 빛나는 고대철학-철학은 왜 그리스에서 태어났을까?

  -지혜로 빛나는 특강-서양철학사 입문-기초소개편

                -서양철학의 주요개념: 필수개념 정리로 철학사 특징

                 파악하기

                -철학사의 주요개념: 무

                -철학사의 주요개념: '실체'에 대한 이해

                -형이상학이란 무엇인가

                -철학입문을 도와드리는 영상: 철학이란 무엇인가

  -지혜로 빛나는 고전 읽기-존재론: 인간에게 허락된 최상의 개념을 다루는

  학문

## 탈레스

유튜브-5분 뚝딱 철학-고대철학-탈레스: 만물은 물이다

유튜브-지혜의 빛-지혜로 빛나는 고대철학-서양 철학의 시작: 탈레스와 물
  의 우주 발생론

유튜브-인문학[추천채널]-진짜 쉽게 서양 철학사-최초의 철학자: 탈레스 생
  애, 이론

## 아낙시만드로스

🖱 강좌 사이트

유튜브-5분 뚝딱 철학-고대철학-아낙시만드로스: 아페이론

유튜브-인문학[추천채널]-진짜 쉽게 서양 철학사-아낙시만드로스 이론

## 아낙시메네스

🖱 강좌 사이트

유튜브-5분 뚝딱 철학-고대철학-아낙시메네스: 만물은 공기다

유튜브-인문학[추천채널]-진짜 쉽게 서양 철학사-아낙시메네스 이론

## 피타고라스

🖱 강좌 사이트

유튜브-5분 뚝딱 철학-고대철학-만물은 수이다

유튜브-페이퍼르네상스-고대철학-만물이 '수'라면? 피타고라스에 관한 철학
이야기

## 헤라클레이토스

🖱 강좌 사이트

유튜브-5분 뚝딱 철학-고대철학-헤라클레이토스: 만물은 흐른다

유튜브-페이퍼르네상스-고대철학-우는 남자: 헤라클레이토스에 관한 철학
이야기

## 파르메니데스

**🖱 강좌 사이트**

유튜브-5분 뚝딱 철학-고대철학-파르메니데스: 있는 건 있고 없는 건 없다

유튜브-페이퍼르네상스-고대철학-존재란 무엇인가?: 파르메니데스에 관한
철학 이야기

## 아낙사고라스

**🖱 강좌 사이트**

유튜브-설왕은tv-러셀 철학수업-아낙사고라스

유튜브-철학아카데미-김주연의 세상 친절한 철학사 강의-자연철학의 종말
[아낙사고라스]

## 제논(엘레아)

**🖱 강좌 사이트**

유튜브-5분 뚝딱 철학-고대철학-제논과 멜리서스: 변화와 운동은 불가능하다

유튜브-충코의 철학-고대, 중세철학-제논: 운동은 존재하지 않는다, 무슨 의
미일까?

## 엠페도클레스

**🖱 강좌 사이트**

유튜브-5분 뚝딱 철학-고대철학-엠페도클레스: 4원소설

유튜브-페이퍼르네상스-고대철학-경탄의 철학자, 엠페도클레스에 관한 철
학 이야기

　　　　　　　　　　　　　　동영상으로 인문학 공부하기

## 고르기아스

**🖱 강좌 사이트**

유튜브-5분 뚝딱 철학-고대철학-고르기아스: 극단적 회의주의

유튜브-김홍국TV-스피치 횡단열차-완벽한 설득을 위한 기술-허무주의 고르
  기아스

## 프로타고라스

**🖱 강좌 사이트**

유튜브-5분 뚝딱 철학-고대철학-프로타고라스: 인간은 만물의 척도

유튜브-철인공방-서양철학사-서양철학사 18강: 프로타고라스의 상대주의
  철학과 소크라테스

## 데모크리토스

**🖱 강좌 사이트**

유튜브-5분 뚝딱 철학-고대철학- 데모크리토스: 원자론

유튜브-페이퍼르네상스-고대철학-만물은 원자다, 데모크리토스에 관하여


(2) 소크라테스

소크라테스는 플라톤의 스승이며 고대 그리스 철학자로서 다른 철학
자들과는 달리 자신의 생각을 글로 남기지 않았다. 그러나 플라톤과 다른
학자들의 작품을 통해 그의 철학을 이해할 수 있다. 소크라테스의 주요
철학적 관심사는 '논리적 탐구를 통한 진리의 발견'이었다. 그는 다른 사
람들과 대화를 통해 이들의 생각을 도출하고 비판하면서 진리를 찾아 나
갔다. 이러한 방식은 '소크라틱 메소드'라고도 불리며 질문과 응답을 통해

상대방의 생각을 자세히 들여다보고 문제점을 드러내는 것을 중요시했다. 소크라테스는 지식의 한계를 강조하며 자신이 아는 것과 모르는 것을 분명히 구분하고자 했다. 이로써 겸손과 자기 인식의 중요성을 강조했다.

　그의 접근방식은 단순한 질문에서부터 복잡한 윤리적 문제까지 다양한 주제에 적용되었으며 이는 나중에 플라톤과 아리스토텔레스와 같은 철학자들에게 큰 영향을 미쳤다.

---

🔍 **강좌 사이트**

모바일앱-ebs class e-고대 그리스의 유산, 영원한 현재의 철학-소크라테스
　1~3강 - 조대호
유튜브-5분 뚝딱 철학-고대철학
　-산파술과 상기설
　-너 자신을 알라(무지의 지)
유튜브-충코의 철학-고대, 중세철학-소크라테스 "너 자신을 알라"의 의미
　는?!/앎이란 무엇?
유튜브-철인공방-서양철학사
　-서양철학사 19강: 아테네의 중우정치와 소크라테스
　-서양철학사 20강: 왜 소크라테스는 죽음의 독배를 마셨는가?

---

## (3) 플라톤

　플라톤은 소크라테스의 제자이자 철학자로서 플라톤의 대화록을 통해 그의 철학적인 사상을 알 수 있다. 그의 이상주의, 형이상학, 이념론 등은 그의 철학의 중요한 특징이다. 또한 플라톤은 플라톤의 학교인 아카데메이아를 설립하여 학문의 중심지로 만들었다.

그의 주요 철학적 개념은 아래와 같다.

- 이상주의: 플라톤은 실재 세계의 사물들은 더 높은 실재인 '이상적인 형태'의 복제물이라고 믿었다. 이러한 이상적인 형태는 물질 세계보다 더 진정하고 영적인 것으로 간주되었다.
- 지식론: 플라톤은 진정한 지식은 이상적인 형태를 이해하는 것에서 나온다고 믿었다. 감각적인 경험은 불완전하고 변하기 쉬우며, 진정한 지식은 이상적인 형태에 대한 이해를 통해 얻어진다고 주장했다.
- 영혼론: 플라톤은 영혼이 육체를 넘어서 영원하며 이상적인 형태의 지식을 가지고 태어난다고 믿었다. 그는 영혼이 육체에 갇혀 있는 상태에서도 이상적인 형태를 기억하고 그것을 이해할 수 있다고 주장했다.
- 도덕철학: 플라톤은 도덕적 가치를 이상적인 형태와 연결하여 이해했다. 그는 개인의 미덕적 향상을 통해 정의롭고 공정한 사회를 구축하는 것이 중요하다고 믿었다.
- 정치철학: 플라톤은 '국가'라는 작품에서 이상적인 정치체제를 묘사하며 철저한 계급 구분과 교육 시스템을 강조했다. 이상적인 정치 체제는 국가 내에서 각 개인이 자신의 역할을 수행하며 조화롭게 공동체를 형성하는 것을 목표로 했다.

이러한 철학적 개념들을 다음 동영상 강좌를 통해서 더 깊게 이해하기를 바란다.

모바일앱-ebs class e-고대 그리스의 유산, 영원한 현재의 철학-플라톤 4~7

  강 - 조대호

네이버-열린연단

  -[고전]-8강. 플라톤 〈국가〉, 〈법률〉 - 박종현

  -[문화정전]-15강. 플라톤 〈티마이오스〉 및 기타 대화편 - 강성훈

  -[교양서 20]-1강. 플라톤 〈국가〉 - 이종환

유튜브-5분 뚝딱 철학-고대철학

  -플라톤: 동굴의 비유와 이데아의 세계

  -플라톤: 영혼의 3분설

  -플라톤: 미의 대이론

  -플라톤: 이데아론

  -플라톤: 이상국가

유튜브-예도TV-플라톤 이야기

유튜브-지혜의 빛: 인문학의 숲-지혜로 빛나는 고전 읽기-플라톤의 테아이

  테토스: 인식론의 원천

유튜브-정진우의 철학교실

  -플라톤 〈파이드로스〉: 에로스란 무엇인가?

  -플라톤 〈향연〉: 에로스의 변증법

## (4) 아리스토텔레스

아리스토텔레스는 고대 그리스 철학자로 플라톤의 제자였으며 자연과학, 윤리학, 논리학 등 다양한 분야에서 중요한 철학적 개념을 발전시켰다. 그의 철학은 '아리스토텔레스 철학'으로 알려져 있다. 아리스토텔레스의 주요 철학적 개념은 아래와 같다.

동영상으로 인문학 공부하기

- 윤리학: 아리스토텔레스는 〈니코마코스 윤리학〉이라는 저작에서 윤리적 행동과 행복의 관계를 다루었다. 그는 '활력'이나 '최고의 덕'을 향해 행동하는 것이 인간의 목표이며 이를 통해 진정한 행복을 얻을 수 있다고 주장했다.
- 정치학: 아리스토텔레스의 '정치학'에서는 이상적인 도시국가의 구조와 정치체제를 논의했다. 그는 국가가 개인의 성취와 행복을 도모하도록 조직되어야 한다고 주장하며 다양한 정치 체제에 대한 분석을 수행했다.
- 자연철학: 아리스토텔레스는 자연 현상과 원리에 대한 탐구를 통해 철학적인 원리와 과학적 지식을 통합시켰다. 그는 원인과 결과, 형태와 물질에 관한 철학적 개념을 제시하며 철학적인 근본원리를 탐구했다.
- 논리학: 아리스토텔레스는 논리학 분야에서 '논증'의 형식을 분석하고 논리적 구조를 탐구하여 명제와 논증의 유효성을 평가하는 방법을 개발했다. 그의 논리학 체계는 중세 유럽의 학문 발전에 큰 영향을 미쳤다.

아리스토텔레스의 아이디어와 개념들은 중세 유럽 철학과 현대 철학에도 영향을 미치며 그의 작품들은 오랜 시간 동안 철학적인 연구와 논의의 중심이 되었다.

모바일앱-ebs class e-고대 그리스 유산, 영원한 현재의 철학-아리스토텔레
   스 8~12강 - 조대호
네이버-열린연단
  -[고전]-9강. 아리스토텔레스 〈니코마코스 윤리학〉 - 조대호
  -[문화정전]-16강. 아리스토텔레스 〈니코마코스 윤리학〉, 〈정치학〉, 〈시학〉
    - 손병석
  -[교양서 20]-3강. 아리스토텔레스 〈니코마코스 윤리학〉 - 이창우
유튜브-5분 뚝딱 철학-고대철학-아리스토텔레스
  -형이상학
  -니코마코스 윤리학
  -고전 논리학
유튜브-지혜의 빛-지혜로 빛나는 고대철학-아리스토텔레스의 형이상학
유튜브-정진우의 철학교실-아리스토텔레스: '우정'이란 무엇인가?

### (5) 아리스토텔레스 이후 고대 철학자들

아리스토텔레스 이후의 고대 철학은 헬레니즘 시대와 로마 시대에 발전한 것으로 주요 사조는 에피쿠로스 학파와 스토아 학파가 있다.

- 에피쿠로스 학파: 에피쿠로스는 고통과 불안으로부터 벗어나 행복을 찾기 위해 즐거움을 추구할 것을 주장하는 에피쿠로스 학파의 창시자이다. 그의 철학은 에피쿠로스주의로 알려져 있으며 신체적, 정신적인 즐거움을 중요하게 여겼다. 그는 탐욕과 불필요한 욕망을 피하며 절제와 친구와의 깊은 관계를 통해 행복을 달성하는 것을 강조했다.
- 스토아 학파: 스토아 학파는 로마제국 시대에 큰 영향을 미쳤으며 지

혜로운 삶을 실현하고 내면적인 평화를 찾는 것을 강조했다. 이들은 로고스를 통해 모든 사물이 관련되어 있음을 강조하며 우주의 질서를 따르고 타인과의 공동체, 의무, 도덕적 훈련에 중요성을 부여했다.

## 디오게네스

**⚲ 강좌 사이트**

유튜브-5분 뚝딱 철학-고대철학-디오게네스: 본능에 충실하라
유튜브-철학흥신소-5분 철학지식-디오게네스는 누구?

## 피론

**⚲ 강좌 사이트**

유튜브-5분 뚝딱 철학-고대철학-피론: 고대 회의주의
유튜브-페이퍼르네상스-헬레니즘 철학-근심으로부터 벗어나려는 소망, 회
   의주의에 대하여

## 에피쿠로스

**⚲ 강좌 사이트**

유튜브-5분 뚝딱 철학-고대철학-에피쿠로스 쾌락주의
유튜브-지식의 취향-서양철학-에피쿠로스가 알려주는 행복의 기술

## 키케로

**⚲ 강좌 사이트**

유튜브-지혜의 빛-지혜로 빛나는 특강-지금 당신에게 필요한 인문학: 키케
   로의 도전과 희망
유튜브-인문의 골짜기-제31회 고전아카데미 '키케로의 수사학'(요약 동영상)
   - 안재원

## 세네카

🖱 강좌 사이트

유튜브-페이퍼르네상스-헬레니즘 철학-분노의 통치술, 세네카에 대하여

유튜브-정진우의 철학교실-좌절을 이기는 지혜: 세네카의 인생론 1~3

유튜브-플라톤아카데미TV-인문학 세미나, 지혜의 향연-세네카, 방황하는 자아

## 에픽테토스

🖱 강좌 사이트

유튜브-페이퍼르네상스-헬레니즘 철학-왕보다 자유로운 삶을 위하여, 에픽
테토스의 철학

유튜브-고독한 낭독회-철학-언제까지 노예처럼 살 것인가? 스토아철학-에
픽테토스 인생수업

## 플로티노스

🖱 강좌 사이트

네이버-열린연단-[삶의 지혜]-14강. 신을 닮은 인간, 플로티누스의 신플라톤
주의 윤리학 - 송유레

유튜브-5분 뚝딱 철학-중세철학-플로티누스: 일자이론

유튜브-페이퍼르네상스-중세 철학-엘리트주의는 무엇이 문제인가? 플로티
노스에 관하여

유튜브-철인공방-서양철학사-서양철학사 40강: 플로티노스의 유출설과 신
비주의

동영상으로 인문학 공부하기

## 2) 가톨릭 철학

가톨릭 철학은 가톨릭 교회의 가르침과 가톨릭 신학과의 관련성을 가진 철학적인 입장과 접근법을 말한다. 가톨릭 철학은 철학적인 문제와 주제에 대해 가톨릭 교리와 가톨릭 신학의 원칙과 가치를 적용하려는 시도이다. 가톨릭 철학은 가톨릭 교회의 전통과 가르침을 기반으로 하며 신학과 철학의 상호작용을 강조한다. 그것은 이성적이고 철학적인 탐구와 동시에 신앙과 가톨릭 교리와의 조화를 추구한다. 가톨릭 철학은 다양한 철학적인 주제에 대해 가톨릭 교리와의 일관성을 탐구한다. 예를 들면 신의 존재와 속성, 도덕적인 문제, 인간의 자유와 책임, 인간의 존엄성과 가치, 영혼과 육체의 관계 등이 있다. 이러한 문제들은 가톨릭 철학자들에 의해 철학적인 분석과 가톨릭 신앙의 관점에서 탐구된다.

### (1) 교부 철학

**아우구스티누스**

> 🔍 **강좌 사이트**
>
> 네이버-열린연단-[문화정전]-22강. 아우구스티누스 〈고백록〉, 〈신국론〉 – 성염
> 유튜브-cbcTV 가톨릭 컨텐츠의 모든 것-아우구스티누스 성인을 만나다 – 박승찬
> 유튜브-5분 뚝딱 철학-아우구스티누스: 고백록

> 📖 **관련된 책**
>
> 〈고백록〉 – 아우구스티누스, 성염 역

## (2) 스콜라 철학

### 토마스 아퀴나스

**🖱 강좌 사이트**

모바일앱-ebs class e-중세의 위대한 유산 -박승찬

네이버-열린연단-[문화정전]-23강. 토마스 아퀴나스 〈신학대전〉 - 김율

유튜브-cbcTV 가톨릭 컨텐츠의 모든 것-그리스도교, 서양문화의 어머니 -
박승찬

### 안셀무스

**🖱 강좌 사이트**

유튜브-페이퍼르네상스-중세 철학-신은 존재할 수밖에 없다, 안셀무스에 관
하여

유튜브-5분 뚝딱 철학-시즌2-철학에서 논의되는 신 존재에 관한 모든 것(안
셀무스, 아퀴나스…)

### 보에티우스

**🖱 강좌 사이트**

유튜브-5분 뚝딱 철학-고대철학-보에티우스: 철학의 위안

유튜브-페이퍼르네상스-중세 철학-위로가 받고 싶으십니까? 보에티우스에
대하여

### 둔스 스코투스

**🖱 강좌 사이트**

유튜브-페이퍼르네상스-중세 철학-가짜란 무엇인가? 둔스 스코투스에 대하여

유튜브-교회사아카데미-오늘의 교회사 365일 - 존 던스 스코터스

　　　　　　　　　　　동영상으로 인문학 공부하기

**윌리엄 오캄**

## 3) 르네상스 철학

르네상스 철학은 14세기부터 17세기에 유럽에서 발전한 철학적 사고를 나타낸다. 이 시기는 중세 시대의 종교 중심적인 철학으로부터 벗어나 과학, 인문학, 인간 중심의 사고를 강조하며 현대 시대의 기반이 되는 시기로 평가된다. 르네상스는 '인간은 만물의 척도'라는 신조를 강조했다. 인간의 역량, 자율성, 창의성을 강조하며 과거의 철학적 틀을 벗어나 개인과 인간성의 중요성을 강조했다. 르네상스는 인문학적 지식과 과학적 발전이 병행되었던 시기이기도 하다. 인문주의자들은 고대 그리스와 로마의 문화를 다시 발굴하며 인간의 지적 능력과 창의성을 존중하고자 했다. 과학적 발전도 이뤄져 천문학, 해부학, 생명과학 등에서 큰 발전이 있었다. 르네상스 철학자들은 개인의 자유와 도덕적 행동을 강조하며 중세 시대의 신앙 중심적인 도덕 체계와는 달리 이성과 윤리에 기반한 도덕적 사고를 발전시켰다.

## 알베르티

🖱 강좌 사이트

유튜브-페이퍼르네상스-르네상스 철학-르네상스적 인간의 표본, 알베르티
에 관하여

유튜브-문명여행자-르네상스 인물들-피렌체의 르네상스, 인문주의자이며
건축가 알베르티

## 페트라르카

🖱 강좌 사이트

유튜브-페이퍼르네상스-르네상스 철학-인생은 아름답다, 페트라르카 오해
없이 이해하기

유튜브-박용규TV-중세교회사-[중세교회사] 51~53 프란체스코 페트라르카

## 보카치오

🖱 강좌 사이트

유튜브-페이퍼르네상스-르네상스 철학-보카치오, 그는 어떤 인물인가?

유튜브-목철TV-목요철학 인문포럼-[목요철학 인문포럼] 제759회 보카치오
의 〈데카메론〉

## 에라스무스

🖱 강좌 사이트

유튜브-페이퍼르네상스-르네상스 철학-에라스무스의 〈우신예찬〉을 철학적
으로 읽기

유튜브-목철TV-목요철학 인문포럼-[목요철학 인문포럼] 제760회 에라스무
스의 〈우신예찬〉

## 토마스 모어

유튜브-페이퍼르네상스-르네상스 철학-토마스 모어가 유토피아를 쓴 이유

유튜브-목철TV-목요철학 인문포럼-[목요철학 인문포럼] 제774회 토마스 모
어 〈유토피아〉

## 마키아벨리

네이버-열린연단

  -[고전]-31강. 마키아벨리 〈군주론〉 - 곽준혁

  -[교양서 20]-5강. 마키아벨리 〈군주론〉 - 박상훈

  -[문화정전]-19강. 마키아벨리와 마키아벨리즘 - 김경희

유튜브-페이퍼르네상스-르네상스 철학-마키아벨리의 〈군주론〉 편견 없이
  읽기

## 루터

네이버-열린연단-[패러다임]-2강. 루터와 칼뱅, 종교개혁과 근대사회 - 이양호

유튜브-페이퍼르네상스-르네상스 철학

  -루터는 어떻게 살았을까

  -우리가 몰랐던 종교개혁의 의미

유튜브-황필구 신부 사목 채널-세계사와 함께 보는 가톨릭 교회사-107~110
  강. 마틴 루터

**칼뱅**

🖱 **강좌 사이트**

유튜브-페이퍼르네상스-르네상스 철학

　-칼뱅의 청도교가 자본주의 정신인 이유

　-자본주의 정신의 토대, 칼뱅

유튜브-문명여행자-그리스도교의 역사-프로테스탄트는 어떻게 탄생했나:

　장 칼뱅/루터파/장로교회/스코틀랜드 장로회/미국 복음주의

**단테**

🖱 **강좌 사이트**

네이버-열린연단-[문화정전]-24강. 단테〈신곡〉- 박상진

유튜브-플라톤아카데미TV-청소년을 위한 행복한 인문학 교실-단테, 그분이

　알고 싶다

유튜브-페이퍼르네상스-르네상스 철학-단테 제대로 이해하기

## 4) 근대 철학

　근대 철학은 17세기부터 18세기에 유럽에서 발전한 철학적 사고의 시기를 지칭하는 용어이다. 이 시기에는 인간의 이성과 과학적 방법의 중요성이 부각되었으며 종교와 체계적 사유 간의 관계에 대한 새로운 관점이 형성되었다. 이 기간에는 현대 과학의 기반이 마련되었고 인간의 지식과 사회 구조에 대한 새로운 이해가 형성되었다. 주요 특징은 아래와 같다.

　• 인간 중심적 이성 강조: 근대 철학은 인간의 이성과 사유를 강조했다.

인간의 이성을 통해 세계를 이해하고 탐구하는 중요성이 부각되었다.

- 과학적 방법과 탐구: 과학적 방법의 발전과 함께 근대 철학자들은 경험과 실험을 통해 지식을 얻는 과학적 방법의 중요성을 강조했다.

- 사회 계약 이론과 정치 체계: 사회 계약 이론은 정치적 권위와 사회 계약 사이의 관계를 탐구했다. 이러한 이론은 국가의 기초와 인간의 권리에 대한 새로운 시각을 제시했다.

- 철학적 방법의 형성: 근대 철학은 철학적 방법을 형성하는 시기였다. 의심과 혼란을 통해 진리를 찾는 방법, 예술적 진리의 개념 등이 논의되었다.

- 인간의 자유와 인권 강조: 근대 철학은 인간의 자유와 인권을 강조했다. 이로써 개인의 권리와 자유의 중요성이 부각되었으며 이는 후세의 인권 이론과 연결되었다.

- 종교와 과학의 갈등: 근대 철학 시기에는 종교와 과학 간의 갈등이 두드러졌다. 과학적 발전이 종교적 신념과 충돌을 일으키는 경우가 있었으며 이는 현대적 세계관 형성에 영향을 미쳤다.

이러한 특징들은 근대 철학의 중요한 측면을 형성하였으며 이는 현대 사상과 철학의 기반을 마련하는 데 큰 역할을 하였다.

## 프란시스 베이컨

**강좌 사이트**

유튜브-5분 뚝딱 철학-근대철학-베이컨: 네 개의 우상

유튜브-페이퍼르네상스-초기 근대철학-'아는 것이 힘'이라는 말의 의미-프
란시스 베이컨

유튜브-철학TV-근세유럽철학 주마산간-베이컨 철학

## 토마스 홉스

**강좌 사이트**

네이버-열린연단-[문화정전]-42강. 홉스 〈리바이어던〉 - 최장집

유튜브-5분 뚝딱 철학-근대철학-홉스: 리바이어던

유튜브-철학TV-근세유럽철학 주마산간-홉스 철학

## 데카르트

**강좌 사이트**

네이버-열린연단-[교양서 20]-4강. 데카르트 〈방법서설〉 - 이재환

유튜브-플라톤아카데미TV

  -[멘붐스쿨]-생각하는 나의 탄생, 데카르트 〈성찰〉 읽기 - 이석재

  -[지혜의 향연]-철학적 근대의 문을 열다, 데카르트 〈방법서설〉 - 김상환

유튜브-5분 뚝딱 철학-근대철학-데카르트: 나는 생각한다, 고로 존재한다

유튜브-예도TV-데카르트

## 파스칼

**강좌 사이트**

유튜브-파로이코스-서양고전의 이해-12강 파스칼의 〈팡세〉 외

유튜브-5분 뚝딱 철학-근대철학-파스칼: 파스칼의 내기 논증

동영상으로 인문학 공부하기

## 스피노자

**🖱 강좌 사이트**

네이버-열린연단-[패러다임]-4강. 스피노자의 모더니티 - 박기순

유튜브-지혜의 빛-지혜로 빛나는 근대철학-스피노자: '범신론'과 형이상학
　기초개념

유튜브-5분 뚝딱 철학-근대철학-스피노자: 범신론

유튜브-예도TV-스피노자

## 존 로크

**🖱 강좌 사이트**

네이버-열린연단-[패러다임]-22강. 로크와 밀, 민주주의와 자유주의 - 강정인

유튜브-지혜의 빛-지혜로 빛나는 근대철학-존 로크: 인간이란 텅 빈 종이에
　불과하다

## 라이프니츠

**🖱 강좌 사이트**

유튜브-5분 뚝딱 철학-근대철학

　-라이프니츠: 모나드는 창이 없다

　-뉴턴과 라이프니츠: 시간과 공간이론

유튜브-예도TV-단편강좌-라이프니츠: 우주의 거울, 모나드?

## 버클리

**🖱 강좌 사이트**

유튜브-5분 뚝딱 철학-근대철학-버클리: 주관적 관념론

유튜브-지혜를 찾아서-철학-조지 버클리: 주관적 관념론, 유신론

## 몽테스키외

🖱 **강좌 사이트**

유튜브-자유기업원-인물 탐구 영역-몽테스키외

유튜브-ONE STAR-138. 몽테스키외 〈법의 정신〉

## 흄

🖱 **강좌 사이트**

유튜브-철학TV-근세유럽철학 주마산간-흄 철학: 도덕의 원천은 이성인가 감정인가?

유튜브-5분 뚝딱 철학-근대철학-흄: 자신까지 갖다버린 미니멀리스트

## 루소

🖱 **강좌 사이트**

네이버-열린연단

  -[패러다임]-23강. 루소, 국제정치와 평화 – 김용민

  -[문화정전]-39강. 루소 〈인간 불평등 기원론〉, 〈사회계약론〉 외 – 김영욱

  -[교양서 20]-6강. 루소 〈사회 계약론〉 – 김용민

유튜브-철학TV-근세유럽철학 주마산간-루소 철학: 문명은 진보하는가?

## 애덤 스미스

🖱 **강좌 사이트**

네이버-열린연단-[고전]-30강. 애덤 스미스 〈도덕감정론〉, 〈국부론〉 – 박세일

유튜브-5분 뚝딱 철학-근대철학-아담 스미스: 보이지 않는 손

유튜브-언더북-[풀버전]서울대, 연세대 공동 필독서 배경지식 강의-경제학의 아버지가 이야기하는 보이지 않는 손, 아담 스미스 〈국부론〉

## 칸트

🔍 강좌 사이트

네이버-열린연단

   -[고전]-22강. 칸트 〈순수이성비판〉 - 백종현

   -[교양서 20]-7강. 칸트 〈실천이성비판〉 - 정대훈

유튜브-5분 뚝딱 철학-시즌2

   -아예 떠먹여 주는 칸트의 순수이성비판

   -근대철학-칸트: 실천이성비판

   -미학-칸트: 판단력 비판 1~2

유튜브-예도TV-칸트

## 제러미 벤담

🔍 강좌 사이트

유튜브-철학TV-철학자들의 생애

   -공리주의의 창시자 제레미 벤담의 생애

   -벤담과 밀의 공리주의-벤담의 공리주의, 공리주의 창시자 벤담의 주장과
    생각

## 슐라이어마허

🔍 강좌 사이트

유튜브-예도TV-슐라이어마허

유튜브-물고기톡-조직 신학의 주제들-존경과 금기의 두 얼굴: 슐라이어마허

## 피히테

🔍 강좌 사이트

유튜브-5분 뚝딱 철학-근대철학-피히테: 주관적 관념론

유튜브-시나페홀로 철학하다-2019 철학과 굴뚝 청소부-피히테의 '절대적 자아'

## 셸링

유튜브-5분 뚝딱 철학-근대철학-셸링: 객관적 관념론

유튜브-예도TV-셸링

## 헤겔

네이버-열린연단

　-[고전]-23강. 헤겔 〈정신현상학〉 - 강순전

　-[문화정전]-41강. 헤겔 〈정신현상학〉, 〈법철학〉, 〈역사철학 강의〉 - 유헌식

　-[교양서 20]-8강. 헤겔 〈정신현상학〉 - 김상환

유튜브-5분 뚝딱 철학-시즌2

　-말랑말랑하게 만든 무시무시한 헤겔의 정신현상학

　-근대철학-헤겔: 정신현상학 part 2

유튜브-예도TV-헤겔

## 쇼펜하우어

유튜브-예도TV-쇼펜하우어

유튜브-지혜의 빛-지혜로 빛나는 근대철학-쇼펜하우어: 인간의 삶이 고통인
　이유

유튜브-정진우의 철학교실-쇼펜하우어: 의지와 표상으로서의 세계, 행복론
　과 인생론

유튜브-5분 뚝딱 철학-시즌2-쇼펜하우어는 어떻게 현대 철학을 접수했는가?

## 오귀스트 콩트

**강좌 사이트**

유튜브-지혜를 찾아서-철학-오귀스트 콩트: 실증주의, 사회학

유튜브-토브티비-BackGround배경지식-오귀스트 콩트

## 존 스튜어트 밀

**강좌 사이트**

네이버-열린연단-[문화정전]-38강. J.S 밀 〈자유론〉 - 서병훈

유튜브-철학TV-2021 벤담과 밀의 공리주의

   -#2 [철학자들의 생애] 존 스튜어트 밀의 생애

   -#3[밀의 공리주의] 밀의 주장과 생각

   -#4[밀의 공리주의] 소수자의 권리를 무시하는가?

## 키에르케고르

**강좌 사이트**

유튜브-5분 뚝딱 철학-현대철학-키에르케고르: 유신론적 실존주의

유튜브-지혜의 빛-지혜로 빛나는 현대철학-키르케고르: 절망에 빠진 당신에게 실존주의를 선물한 철학자

유튜브-예도TV-키에르케고르

## 포이어바흐

**강좌 사이트**

유튜브-정진우의 철학교실- L. 포이어바흐 [종교의 본질에 대하여] 1~4

유튜브-예도TV-헤겔좌파/슈트라우스, 포이어바흐, 슈티르너-포이어바흐: 기독교의 본질

**퍼스**

🖱 **강좌 사이트**

유튜브-5분 뚝딱 철학-현대철학-실용주의 철학(퍼스, 제임스, 듀이)

**윌리엄 제임스**

🖱 **강좌 사이트**

네이버-열린연단-[패러다임]-9강. 윌리엄 제임스, 미국과 실용주의 - 정해창
유튜브-지혜를 찾아서-철학-윌리엄 제임스: 실용주의

## 5) 현대 철학

현대 철학은 20세기 이후의 철학적 사고와 이론들을 가리키는 용어다. 정확한 기준은 다소 주관적이며 역사적인 흐름과 다양한 철학적 이슈에 따라 구분될 수 있다. 그러나 대략적으로 20세기 이후에 나타난 철학적 사상들을 포괄하는 용어로 사용되며 일반적으로 니체, 마르크스, 프로이트로부터 시작되었다고 볼 수 있다. 다양한 사회, 문화적 변화와 과학의 발전 등에 큰 영향을 받았으며 이로 인해 새로운 철학적 문제들이 제기되고 다양한 학파와 접근 방법 등이 등장하게 되었다. 현대 철학의 특징을 아래에 열거해 보겠다.

① 분야의 다양화: 현대 철학은 기존의 전통적인 철학 분야뿐만 아니라 심리학, 인지과학, 언어학, 사회학, 정치학 등 다른 학문과의 융합이 더욱 두드러지게 이루어지면서 다양한 철학 분야가 등장하게 되었다.

② 분석철학: 분석철학은 현대 철학의 중요한 학파 중 하나로 언어와 논리를 통해 철학적 문제를 해결하고자 하는 접근 방법을 강조한다. 이론의 명확성과 논리적 일관성을 중시하는 특징이 있다.

③ 대륙적 철학: 유럽 대륙에서 주로 발전한 철학적 사상들을 포함하며 현상학, 실존주의, 구조주의 등이 이에 해당하고 인간의 존재, 의미, 자유 등과 같은 주제들에 관심이 많다.

④ 사회학적 철학: 사회학, 정치학, 미학 등과의 상호 작용을 통해 사회적 문제와 인간의 존재에 대한 철학적 관점을 제시한다. 사회적 정의, 인종 차별, 성별 평등, 환경문제 등이 주요 관심사이다.

⑤ 실재주의: 실재와 현실에 대한 철학적 문제와 그 기원에 관심을 두며 현대 실재주의는 자연과학과 철학의 상호작용을 반영한 접근 방법을 사용한다.

⑥ 포스트모더니즘: 현대 철학의 한 갈래로서 이론의 상대성과 문화적 다양성, 관념적 통합의 어려움 등을 강조하며 절대적 진리나 이념에 대한 의심과 비판적 사고를 강조한다.

현대 철학은 여전히 계속해서 발전하고 있으며 새로운 문제들이 등장하고 기존의 이론들도 재평가되고 재해석되는 과정에서 철학은 끊임없이 진화하고 있다.

네이버-열린연단-[오늘의 세계]-46강. 근대와 탈근대 담론들의 현재 – 김상환

유튜브-시나페홀로, 철학하다-[현대철학 로드맵]

유튜브-충코의 철학-현대철학-현대철학 흐름의 핵심을 한방에 정리하는 영상

〈현대사상입문〉 – 지바 마사야

〈현대 철학 로드맵〉 – 오카모토 유이치로

〈현대 프랑스 철학사〉 – 한국프랑스철학회

## 니체

유튜브-지혜의 빛

  -지혜로 빛나는 현대철학-니체 철학에대한 기초적 이해

  -지혜로 빛나는 고전 읽기-니체: 비극의 탄생

  -지혜로 빛나는 고전 읽기-니체: 차라투스트라는 이렇게 말했다

유튜브-5분 뚝딱 철학-현대철학

  -니체, 신은 죽었다 part 1~2

  -시즌2-신을 죽이고 미쳐버린 니체(통합편)

유튜브-플라톤아카데미TV-니체, 삶을 묻다 – 백승영

유튜브-예도TV-니체 단편강좌

## 마르크스

모바일앱-ebs class e-마르크스 〈자본〉 - 고병권

네이버-열린연단

  -[고전]-32강. 마르크스 〈경제학 철학 초고〉, 〈정치경제학 비판 요강〉, 〈자본론〉 - 강신준

  -[문화정전]-43강. 마르크스 이후의 마르크스주의 - 강신준

유튜브-지혜의 빛-지혜로 빛나는 현대철학

  -세계 영향력 1위 철학자 칼 맑스: 변증법적 유물론

  -마르크스의 인간 이해

유튜브-5분 뚝딱 철학-근대철학-마르크스: 변증법적 유물론

유튜브-예도TV-마르크스

## 프레게

유튜브-5분 뚝딱 철학-현대철학

  -프레게: 수란 무엇인가?

  -프레게: 뜻과 지시체

## 프로이트

🖱 강좌 사이트

네이버-열린연단-[고전]-24강. 프로이트 〈꿈의 해석〉, 〈쾌락 원칙을 넘어서〉

   - 박찬부

유튜브-5분 뚝딱 철학-심리학-프로이트: 꿈의 해석

유튜브-정진우의 철학교실

   -프로이트: 정신분석 강의

   -프로이트: 세 편의 에세이

   -프로이트: 문명 속의 불만

유튜브-예도TV-프로이트

## 소쉬르

🖱 강좌 사이트

유튜브-5분 뚝딱 철학-소쉬르: 구조주의 언어이론

유튜브-예도TV-소쉬르

## 후설

🖱 강좌 사이트

네이버-열린연단-[문화정전]-45강. 후설과 현상학 - 이남인

유튜브-페이퍼르네상스-현대철학-후설 형상학이 나오기까지 현상학의 짧은

   역사

유튜브-오징어의 철학노트-현상학이란 무엇인가?

유튜브-지혜의 빛-지혜로 빛나는 현대철학-후설의 현상학: 선험 현상학에

   대한 기초 이해

유튜브-예도TV-후설

유튜브-채자왈-서양철학-훗설의 현상학 핵심정리

## 존 듀이

🔍 강좌 사이트

유튜브-지혜를 찾아서-철학-존 듀이: 도구주의, 민주주의와 교육

유튜브-지혜의 빛-지혜로 빛나는 현대철학-존 듀이: 메타윤리학

유튜브-충코의 철학-존 듀이: 경험으로서의 예술, 현대 예술은 어디로 향해
  야 하는가?

## 막스 베버

🔍 강좌 사이트

네이버-열린연단-[고전]-34강. 베버 〈프로테스탄티즘의 윤리와 자본주의 정
  신〉, 〈소명으로서의 정치〉 - 최장집

유튜브-ONE STAR-170. 막스 베버: 프로테스탄트 윤리와 자본주의 정신

## 버트런드 러셀

🔍 강좌 사이트

유튜브-5분 뚝딱 철학-언어철학-러셀: 기술이론

유튜브-지혜의 빛-지혜로 빛나는 현대철학-분석철학의 시작: 팽창된 존재론
  을 정복한 러셀의 '기술이론'

유튜브-충코의 철학-현대철학-러셀: 한 천재가 철학의 방향을 완전히 뒤바
  꿔 놓다

## 칼 융

유튜브-5분 뚝딱 철학

   -심리학-칼 융: 분석 심리학

   -동시성 현상과 홀로그램 우주이론

   -성격 유형과 MBTI

유튜브-지혜의 빛-지혜로 빛나는 현대철학-칼 융: 동시성 현상과 양자역학

유튜브-예도TV-칼융-무의식을 찾아서

## 비트겐슈타인

유튜브-5분 뚝딱 철학-현대철학-비트겐슈타인

   -원더풀 라이프

   -논리철학 논고

   -철학적 탐구(게임이론, 가족 유사성)

   -논리철학 논고에 대한 장난감 모형

유튜브-충코의 철학-현대철학-비트겐슈타인

   -인간과 언어를 바라보는 위대한 생각의 전환

   -언어에 대한 생각을 완전히 뒤엎어버린 철학자

유튜브-지혜의 빛-지혜로 빛나는 현대철학-비트겐슈타인

   -말할 수 없는 것에 대한 침묵

   -언어게임

   -말할 수 없는 것을 위한 말할 수 있는 것

유튜브-예도TV-비트겐슈타인

동영상으로 인문학 공부하기

## 하이데거

**🖱 강좌 사이트**

네이버-열린연단-[고전]-25강. 하이데거 〈존재와 시간〉, 〈숲길〉 – 박찬국
유튜브-오징어의 철학노트-존재와 시간을 어떻게 읽어야 하는가?
유튜브-지혜의 빛-지혜로 빛나는 현대철학-20세기 최고의 철학자 하이데거
   의 존재와 시간
유튜브-5분 뚝딱 철학-현대철학-하이데거: 존재와 시간
유튜브-충코의 철학-현대철학-하이데거
  -존재란 도대체 무엇이냐?
  -섬뜩한 나의 존재
  -죽음과 시간은 동전의 양면
  -도망치지 않고 자기 자신을 마주한다는 것, 실존주의 핵심
유튜브-예도TV-하이데거 단편강좌

## 가다머

**🖱 강좌 사이트**

유튜브-충코의 철학-현대철학
  -[현대철학 필수지식] 가다머의 해석학 1~2
  -가다머: 언어의 단일성과 다양성에 대하여
유튜브-예도TV
  -가다머: 〈진리와 방법〉
  -철학적 해석학-가다머의 전통론적 해석

## 칼 포퍼

**강좌 사이트**

네이버-열린연단-[패러다임]-14강. 칼 포퍼와 현대 과학 철학 – 엄정식

유튜브-5분 뚝딱 철학-과학과 철학-포퍼: 반증 가능성

유튜브-충코의 철학-현대철학-과학은 반박당할수록 강해진다, 칼 포퍼의 반
증주의

유튜브-예도TV-단편강좌-칼 포퍼: 〈열린사회와 그 적들〉 1~2

## 토마스 쿤

**강좌 사이트**

유튜브-5분 뚝딱 철학-과학과 철학-토마스 쿤: 패러다임의 전환

유튜브-충코의 철학-과학-과학을 믿을수 있는가?: 토마스 쿤

## 파이어아벤트

**강좌 사이트**

유튜브-5분 뚝딱 철학-과학과 철학

  -파이어아벤트: 극단적 반과학주의자

  -반과학주의 3인방(핸슨, 쿤, 파이어아벤트)

동영상으로 인문학 공부하기

## 아도르노, 호르크하이머

**강좌 사이트**

유튜브-예도TV-단편강좌

　-호르크하이머, 아도르노: 계몽의 변증법

　-프랑크푸르트 학파

유튜브-충코의 철학-현대철학

　-아도르노: 〈계몽의 변증법〉 인류는 왜 스스로를 파괴하는가?

　-아도르노: 대중문화는 어떻게 나를 바보로 만드는가?

　-아도르노: 대중문화가 사람들을 수동적인 마조히스트로 만드는 과정

유튜브-페이퍼르네상스-현대철학

　-'단순한 지식'은 독재의 편, 아도르노의 〈부정변증법〉

　-상처받은 사람들을 위한 노래, 아도르노의 생애

## 한나 아렌트

**강좌 사이트**

모바일앱-ebs class e-한나 아렌트의 정치철학 – 이진우

네이버-열린연단

　-[패러다임]-8강. 한나 아렌트와 정치 철학 – 박명림

　-[교양서 20]-10강. 아렌트 〈혁명론〉 – 박명림

유튜브-5분 뚝딱 철학-현대철학-한나 아렌트: 악의 평범성

유튜브-김지윤의 지식 play-책 같이 읽어요-한나 아렌트 〈예루살렘의 아이
　히만〉

유튜브-예도TV-한나 아렌트

## 에리히 프롬

유튜브-페이퍼르네상스-정주행
  -'사랑하고 살고 싶습니다', 에리히 프롬
  -'우리는 정말 자유로울까?', 에리히 프롬
  -'사랑은 기술이야', 에리히 프롬
유튜브-ONE STAR-041. 에리히 프롬 〈소유냐 존재냐〉
유튜브-정진우의 철학교실-에리히 프롬의 〈사랑의 기술〉 1~3
유튜브-서가명강-출간 기념 라이브 강의-〈참을 수 없이 불안할 때, 에리히 프롬〉 - 박찬국

## 하버마스

네이버-열린연단-[고전]-27강. 하버마스 〈의사소통행위 이론〉 - 장춘익
유튜브-오마이TV-김호기 교수의 사회학 고전 읽기-하버마스의 '공론장의 구조변동'

## 벤야민

유튜브-5분 뚝딱 철학-현대철학-아우라의 철학자 발터 벤야민: 〈기술복제 시대의 예술작품〉
유튜브-충코의 철학-누구나 사진을 찍는데 어떤 사진이 특별한 걸까? 벤야민의 사진이론
유튜브-오마이스쿨-강신주의 '벤야민의 〈일방통행로〉 따라 걷기'
유튜브-철학학교-[시즌1] 발터 벤야민 스케치 1~12강
유튜브-예도TV-발터 벤야민

동영상으로 인문학 공부하기

## 앙리 베르그송

**🖱 강좌 사이트**

유튜브-5분 뚝딱 철학-현대철학-베르그송: 순수지속으로서의 시간

유튜브-플라톤아카데미TV-열린 인문학술 세미나-[교내세미나] 베르그손:
  기억이란 무엇인가

유튜브-예도TV-베르그송

## 장 폴 사르트르

**🖱 강좌 사이트**

유튜브-지혜의 빛-지혜로 빛나는 고전 읽기-샤르트르: 〈존재와 무〉
  -1편 현상학적 존재론
  -2편 타자의 담론

유튜브-5분 뚝딱 철학-현대철학-샤르트르: 실존은 본질에 앞선다

유튜브-충코의 철학-현대철학-무의미 속에서 살아간다는 것, 샤르트르의 실
  존철학

유튜브-지혜의 빛-지혜로 빛나는 현대철학-실존주의란 무엇인가?

유튜브-예도TV-사르트르

## 야스퍼스

**🖱 강좌 사이트**

네이버-열린연단-[고전]-16강. 야스퍼스 〈역사의 근원과 목적에 대하여〉-김
  우창

유튜브-5분 뚝딱 철학-현대철학-야스퍼스: 한계상황

유튜브-지혜의 빛-지혜로 빛나는 현대철학-칼 야스퍼스: 실존주의를 자기
  인생으로 보여준

유튜브-예도TV-단편강좌-야스퍼스: 한계상황

## 조르주 바타유

강좌 사이트

유튜브-예도TV-미학-에로티즘과 예술

유튜브-K-향연-조르주 바타유, 〈에로티즘의 역사〉

유튜브-충코의 철학-누구나 사이비에 빠질 수 있는 근본적 이유(조르주 바타유-낭비이론)

## 알베르 카뮈

강좌 사이트

유튜브-지혜의 빛-지혜로 빛나는 현대철학-알베르 카뮈: 부조리한 삶을 살아야 하는 이유

유튜브-충코의 철학-현대철학-카뮈의 부조리 철학: 삶에는 의미가 없다, 그래도 살아야 할까

유튜브-5분 뚝딱 철학-현대철학-나는 반항한다 고로 존재한다

유튜브-예도TV-카뮈

## 모리스 메를로 퐁티

강좌 사이트

유튜브-충코의 철학-현대철학

  -메를로 퐁티: 지각의 세계와 과학에 관하여

  -메를로 퐁티: 상식을 깨는 천재 철학자

  -메를로 퐁티: 이론편1, 객관주의 비판

  -미학-메를로 퐁티의 미학 한 번에 이해하기

유튜브-지혜의 빛-지혜로 빛나는 현대철학

  -메를로 퐁티: 몸의 현상학

  -메를로 퐁티: 몸이 없는 철학은 철학이 될 수 없다

유튜브-예도TV-메를로 퐁티

동영상으로 인문학 공부하기

## 클로드 레비 스트로스

**⊗ 강좌 사이트**

유튜브-5분 뚝딱 철학-현대철학-레비 스트로스: 구조주의 인류학

유튜브-지혜의 빛-지혜로 빛나는 현대철학-'실존주의' 대 '구조주의' 논쟁

유튜브-예도TV-레비 스트로스

## 에마뉘엘 레비나스

**⊗ 강좌 사이트**

유튜브-정진우의 철학교실-E. 레비나스 〈전체성과 무한〉, 제1철학은 윤리학
이다

유튜브-시나페홀로, 철학하다-〈시간과 타자〉

유튜브-예도TV-레비나스

## 폴 리쾨르

**⊗ 강좌 사이트**

유튜브-지혜를 찾아서-철학-폴 리쾨르: 의지의 현상학, 이야기 해석학

유튜브-예도TV-리쾨르

## 자크 라캉

🔍 강좌 사이트

모바일앱-ebs class e-욕망의 철학자, 라캉 읽기 – 김석

유튜브-5분 뚝딱 철학-현대철학

   -라캉: 정신분석학 part1(상상계, 상징계, 실재계)

   -라캉: 정신분석학 part2(무의식과 언어)

유튜브-지혜의 빛-지혜로 빛나는 현대철학-자크 라캉: 무의식은 타자의 담
   론이다

유튜브-5분 뚝딱 철학-시즌2-라캉의 도둑맞은 편지

유튜브-예도TV-라캉

## 루이 알튀세르

🔍 강좌 사이트

유튜브-지혜의 빛-지혜로 빛나는 현대철학-루이 알튀세르: 주체는 타자가
   불러준 이름 속에 있다

유튜브-예도TV-단편강좌-알튀세르: 이데올로기와 대중매체

유튜브-지혜를 찾아서-철학-루이 알튀세르: 중층결정, 이데올로기

## 롤랑 바르트

🔍 강좌 사이트

유튜브-지혜의 빛-지혜로 빛나는 현대철학

   -롤랑 바르트: 문화 기호학

   -롤랑 바르트: 신화에 숨겨진 '기의'를 찾아라!

유튜브-철학학교-철학한잔-[철학한잔] 저자의 죽음

유튜브-예도TV-롤랑 바르트

## 미셸 푸코

네이버-열린연단

   -[고전]-26강. 푸코 〈감시와 처벌〉 - 오생근

   -[문화정전]-46강. 푸코 〈말과 사물〉 - 김상환

유튜브-5분 뚝딱 철학-현대철학

   -미셸 푸코: 이것은 파이프가 아니다

   -미셸 푸코: 말, 지식, 광기

유튜브-지혜의 빛-지혜로 빛나는 현대철학-미셸 푸코: 말과 사물

유튜브-충코의 철학-현대철학-[푸코입문] 이 사람을 모르고선 현대적인 생
   각을 이해하기 힘들다

유튜브-예도TV-푸코


## 질 들뢰즈

네이버-열린연단-[패러다임]-7강. 들뢰즈와 철학의 귀환 - 김상환

유튜브-지혜의 빛-지혜로 빛나는 현대철학-질 들뢰즈

   -차이와 반복의 철학자(기초 이해편)

   -사건과 리좀의 철학자(기초 이해편)

유튜브-5분 뚝딱 철학-현대철학-들뢰즈: 사건의 존재론

유튜브-충코의 철학-현대철학: [현대철학 필수지식] 이 시대 가장 중요한 철
   학자/시뮬라크르

유튜브-예도TV-들뢰즈

## 리오타르

강좌 사이트

유튜브-전시중Art. 공작소-미술이 어렵다고? 쉽게 풀어 보는 미학-[쉽게 미
학] 14~17

유튜브-예도TV-단편강좌-리오타르: 포스트모더니즘의 조건

## 부르디외

강좌 사이트

유튜브-정진우의 철학교실-피에르 부르디외: 아비투스란 무엇인가?

유튜브-교육통-부르디외

## 자크 데리다

강좌 사이트

네이버-열린연단-[고전]-28강. 데리다 〈그라마톨로지〉, 〈법의 힘〉 – 김상환

유튜브-5분 뚝딱 철학-현대철학

　-데리다: 해체주의

　-포스트 구조주의 삼총사의 해체전략(푸코, 들뢰즈, 데리다)

유튜브-지혜의 빛-지혜로 빛나는 현대철학-자크 데리다

　-자연과 해체의 철학자

　-파레르곤과 해체의 미학

유튜브-예도TV-데리다

## 알랭 바디우

강좌 사이트

유튜브-예도TV-바디우

유튜브-스토리라인 인문학교TV-〈세기〉 알랭 바디우

　　　　　　　　　　　　　　　　동영상으로 인문학 공부하기

## 자크 랑시에르

**🖱 강좌 사이트**

유튜브-예도TV-랑시에르

유튜브-BOOK만남-인문/고전-〈무지한 스승〉 쟈크 랑시에르

## 보드리야르

**🖱 강좌 사이트**

유튜브-5분 뚝딱 철학-시즌2-아내의 옷장에 입을 옷이 하나도 없는 이유(보드리야르)

유튜브-정진우의 철학교실-장 보드리야르

　-〈시뮬라시옹〉이란 무엇인가?

　-〈소비의 사회〉란 무엇인가?

유튜브-예도TV-단편강좌-보드리야르와 자본주의/이미지의 세계

## 블랑쇼

**🖱 강좌 사이트**

유튜브-예도TV-블랑쇼

유튜브-불독남-모리스 블랑쇼

## 장 뤽 낭시

**🖱 강좌 사이트**

유튜브-예도TV-장 뤽 낭시

유튜브-쉐어링: 공유, 순환, 생산-오늘날의 미술: 장-뤽 낭시

## 아감벤

🔍 강좌 사이트

유튜브-예도TV-아감벤

유튜브-Brian Jung-길벗의 삐딱한 인문학 산책, 조르조 아감벤, "왕국과 영광"
　제1~6강

유튜브-충코의 철학-현대철학-코로나 규제는 과연 국민을 위한 걸까? 아감
　벤 〈얼굴 없는 인간〉


## 르네 지라르

🔍 강좌 사이트

유튜브-ONE STAR-096. 르네 지라르-욕망과 폭력과 구원의 인류학

유튜브-충코의 철학-현대철학-르네 지라르: 희생이론


## 안토니오 네그리

🔍 강좌 사이트

유튜브-예도TV-단편강좌-안토니오 네그리: 제국, 다중, 코뮌


## 지젝

🔍 강좌 사이트

유튜브-예도TV-슬라보예 지젝

유튜브-시나페홀로, 철학하다-슬라보예 지젝

유튜브-충코의 철학-현대철학-철학자가 분석한 '코로나 사태'의 숨겨진 이야
　기 지젝의 신간 〈잃어버린 시간의 연대기〉

## 에드워드 사이드

🖱 **강좌 사이트**

네이버-열린연단-[고전]-29강. 에드워드 사이드 〈오리엔탈리즘〉, 〈문화와 제
국주의〉 - 김우창

유튜브-안치용의 시네마 인문학-안치용의 책 리뷰-에드워드 사이드: 오리엔
탈리즘 1~2

## 리처드 로티

🖱 **강좌 사이트**

유튜브-인문학 유치원-철학에 대한 민주주의의 우선성 - 리처드 로티

유튜브-팟캐스트/철학 사이다 강좌: 자유주의란 무엇인가?-14강 포스트모던
자유주의

## 뤼스 이리가레

🖱 **강좌 사이트**

유튜브-예도TV-뤼스 이리가레

유튜브-[수유너머104] 유튜브-화요토론회-[65회 화요토론] 뤼스 이리가레:
성차의 존재론

## 줄리아 크리스테바

🖱 **강좌 사이트**

유튜브-예도TV-줄리아 크리스테바

## 주디스 버틀러

🖱 강좌 사이트

유튜브-미스토리-페미니즘, ebs 위대한 수업 주디스 버틀러 요약편

유튜브-충코의 철학-주디스 버틀러의 인터뷰

## 존 설

🖱 강좌 사이트

유튜브-5분 뚝딱 철학-존 설: 중국어 방 논증

## 세일라 벤하비브

🖱 강좌 사이트

유튜브-공론장과 K 민주주의-공론장 만들기-48강: 벤하비브의 숙의민주주
   의 심화 모델

유튜브-공익법센터 어필APIL-타자의 권리, 세일라 벤하비브

# 3. 시대별 동양 철학자들

동양 철학은 서양 철학과 다른 몇 가지의 주요 특징이 있다.

- 통합적 관점: 동양 철학은 종종 개별과 전체, 인간과 자연 사이의 관계에 중점을 둔다. 이는 만물이 하나로 연결되어 있음을 강조하는 관점이다.
- 실천적 지향: 동양 철학은 이론적인 지식만을 추구하기보다는 일상생활에서의 실천에 중점을 둔다. 예를 들면, 불교의 팔정도나 도교의 '도'를 따르는 삶 등이 있다.
- 조화와 균형: 동양 철학은 대부분의 경우 극단을 피하고 중심을 찾는 것을 중요시한다. 예를 들면 음양오행의 개념에서 알 수 있다.
- 내면적 경험: 동양 철학은 종종 내면적인 개념과 명상을 통한 깨달음을 중시한다.
- 모호성의 수용: 동양 철학은 모호성이나 복잡성을 수용하는 경향이 있으며, 이것은 시를 통한 철학적 표현이나 대화체의 전통적인 철학적 글에서도 볼 수 있다.

이러한 특징들은 중국, 일본, 한국 등 다양한 지역의 철학에서 공통적으로 발견되지만, 각 지역과 전통마다 다양한 차이가 있다.

> **🖱 강좌 사이트**
>
> 유튜브-지혜의 빛-지혜로 빛나는 특강
> - -동양철학이란 무엇인가?
> - -서양과 동양의 철학, 왜 서로 다른가?
> - -서양과 다른 동양철학, 형식논리에 관하여
> - -지혜로 빛나는 동양철학-주역, 삶에 변화를 불어넣는 동양의 지혜

### 공자

> **🖱 강좌 사이트**
>
> 네이버-열린연단
> - -[고전]-11강. 공자 〈논어〉 – 배병삼
> - -[교양서 20]-11강. 〈논어〉 – 황갑연
> 유튜브-플라톤아카데미TV-동양고전, 2012년을 말하다-논어를 읽어야 할 시
>   간 – 신정근

### 노자

> **🖱 강좌 사이트**
>
> 네이버-열린연단
> - -[고전]-12강. 노자 〈도덕경〉, 장자 〈장자〉 – 오강남
> - -[교양서 20]-13강. 〈노자〉 – 이석명

동영상으로 인문학 공부하기

## 묵자

### 🖱 강좌 사이트

네이버-열린연단-[교양서 20]-12강. 〈묵자〉 – 이승환

유튜브-5분 뚝딱 철학-동양철학-묵자: 실용주의와 보편적 사랑

## 장자

### 🖱 강좌 사이트

네이버-열린연단

   -[교양서 20]-14강. 〈장자〉 – 박원재

   -[고전]-12강. 노자 〈도덕경〉, 장자 〈장자〉 – 오강남

유튜브-플라톤아카데미TV-동양고전, 2012년을 말하다-장자: 진정한 자유란
   무엇인가? – 강신주

## 맹자

### 🖱 강좌 사이트

네이버-열린연단

   -[고전]-13강. 맹자 〈맹자〉 – 장현근

   -[교양서 20]-16강. 〈맹자〉 – 이승환

유튜브-플라톤아카데미TV-동양고전, 2012년을 말하다-사람을 생각합니다,
   맹자 – 성백효

## 순자

### 🖱 강좌 사이트

유튜브-플라톤아카데미TV-인문학 세미나, 지혜의 향연-순자: 마음, 한 갈래
   인가, 두 갈래인가

유튜브-5분 뚝딱 철학-동양철학-순자: 인간은 원래 악하다

## 한비자

**강좌 사이트**

네이버-열린연단-[고전]-14강. 한비자 〈한비자〉 - 이승환

유튜브-5분 뚝딱 철학-동양철학-한비자: 법가의 등장

## 동중서

**강좌 사이트**

유튜브-계피생강의 지식탐구-한나라 사상가 모음-동중서, 그는 누구인가?

유튜브-5분 뚝딱 철학-동양철학-동중서: 음양오행과 유학의 부활

## 왕충

**강좌 사이트**

유튜브-계피생강의 지식탐구-한나라 사상가 모음-왕충, 그는 누구인가?

## 왕필

**강좌 사이트**

유튜브-계피생강의 지식탐구-위진남북조 사상가 모음-왕필, 그는 누구인가?

## 주돈이

**강좌 사이트**

유튜브-계피생강의 지식탐구-신유가 사상가 모음-주돈이: 성리학의 시초

유튜브-동양의 모든 지혜, 학아재-동아시아의 사상가-북송오자, 성리학의 시조, 주돈이

## 장재

유튜브-계피생강의 지식탐구-신유가 사상가 모음-장재, 그는 누구인가?

유튜브-동양의 모든 지혜, 학아재-동아시아의 사상가-북송오자, 북송시대의
유학자, 장재

## 주희

네이버-열린연단-[고전]-20강. 주자 〈근사록〉 - 이승환

유튜브-계피생강의 지식탐구-신유가 사상가 모음-주희, 그는 누구인가?

## 육구연

유튜브-곽복선TV-중국역사 속의 라이벌-주희 vs 육구연

유튜브-불광미디어-유교와 불교의 대화-주희가 본 육구연의 심학과 선불교

## 왕양명

유튜브-계피생강의 지식탐구-신유가 사상가 모음-왕양명, 그는 누구인가?

유튜브-홍익학당-홍익학당[유교철학] 양명학 특강

유튜브-한국종교발전포럼-제133회 양명학의 현대적 의미

## 왕부지

**강좌 사이트**

유튜브-김용일-주역강의(9) 주역을 마무리한 왕부지의 주역내전

## 이황

**강좌 사이트**

네이버-열린연단-[고전]-21강. 이황 〈성학십도〉 - 이광호

유튜브-플라톤아카데미TV-동양고전, 2012년을 말하다-향기로운 삶의 길을
열다, 성학십도

유튜브-지혜의 빛-쉽고 간결한 한국철학-사단칠정논쟁: 핵심은 이것이다

## 정약용

**강좌 사이트**

모바일앱-ebs class e-다산 정약용 - 백민정

네이버-열린연단-[고전]-19강. 정약용 〈목민심서〉 - 백민정

유튜브-대한민국 국회 공식채널-국회 인문학 아카데미 7회 다산 정약용

## 후쿠자와 유키치

**강좌 사이트**

네이버-열린연단-[패러다임]-26강. 후쿠자와 유키치, 일본과 동양의 근대화
   - 미야지마 히로시

유튜브-LDT리더십연구소-LDT리더십-일본 근대화의 멘토, 후쿠자와 유키치

## 가라타니 고진

**강좌 사이트**

유튜브-시나페홀로, 철학하다-가라타니 고진의 〈윤리21〉 칸트의 '윤리' 1~2편

유튜브-season song-가라타니 고진, 윤리21(이윤호의 고전 읽기)

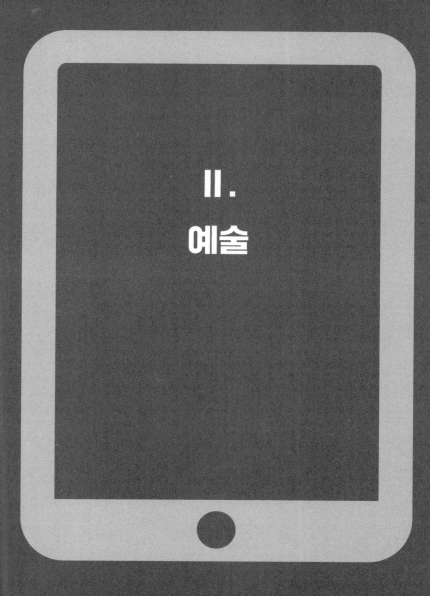

II.
예술

두 번째 챕터에 예술을 소개하는 것은 앞으로 지속적으로 인문학 공부를 하는 데 지루하지 않게 예술을 즐기면서 하기 위함이다. 예술이 인생을 풍부하게 해 준다는 사실은 부인하지 못할 것이다. 예술을 통해 새로운 경험과 시각을 갖게 되고 정서적 깊이를 더하고 창조적 생각을 하게 된다. 무엇보다도 우리에게 치유와 휴식을 제공한다는 것이다. 하지만 이것 또한 약간의 배경지식이 필요하다. 철학사를 마스터한 사람은 예술을 이해하는 것도 훨씬 쉽지 않을까 생각한다. 아는 만큼 보이고 들리게 되는 것이다.

# 1. 서양 미술사

서양 미술사는 예술의 여러 패러다임 변화를 보여 주며 이를 통해 우리는 예술이 어떻게 발전해 왔는지를 이해할 수 있다. 예를 들어 르네상스에서 바로크, 사실주의에서 인상주의, 입체주의 그리고 현대 미술로의 이동 등의 전환점은 예술이 그 시대의 사회적, 정치적 변화에 어떻게 반응했는지를 보여준다. 또한 다양한 장르, 스타일, 기법 등을 탄생시켰으며 예술가들이 어떻게 생각하고 느꼈는지 그리고 그들이 어떻게 자신의 아이디어와 감정을 표현했는지 이해할 수 있다.

먼저 유튜브 고독한 큐레이터닥터K의 '곰브리치 서양미술사'를 소개한다. 유튜브에는 많은 강좌가 올라와 있는데 대부분 비슷비슷한 거 같다.

두 번째는 아트앤스터디에 있는 진중권의 '서양미술사' 강의이다. 이 강의는 꼭 시청하기를 추천한다. 기존의 서양 미술사가 통사적으로 다룬 반면, 이 강좌는 유명 미술 사학자들의 논문을 중심으로 새롭게 구성하여 깊이가 있다. 많은 도움이 될 줄로 믿는다.

그다음으로 유튜브에는 서양 미술에 관한 수많은 동영상들이 있다. 취사선택해서 들어도 좋다. 마지막으로 유튜브에 산재되어 있는 예종 양정무 교수의 강의를 시청하기를 추천한다.

문제는 컨템포러리 아트이다. 현대 미술부터 이어져 온 지금 시대의 미술 동향은 쉽지 않다. 하지만 동시대를 살아가는 우리는 반드시 알 필요가 있다고 생각한다.

유튜브 레츠아트의 '현대미술 총정리' 1~3편과 유튜브 허세미술관의 '현대미술 한방에 정리' 그리고 국립현대미술관의 '동시대 문화예술 강좌'를 시청하기 바란다. 이런 배경지식을 바탕으로 미술관이나 박물관, 전시회를 찾아다니면서 많은 미술작품을 감상하다 보면 안목이 넓어지는 즐거움을 맛볼 것이다.

요즘 미술관 전시회에 가 보면 군데군데 인솔 선생님이 대여섯 명의 아주 어린 학생들을 데리고 다니면서 작품 설명을 하는 것을 볼 수 있다. 아마도 부잣집 아이들 같았다. 이걸 보면서 부르디외가 말한 구별짓기가 떠올라서 씁쓸했던 경험이 있었다.

요즘 시대는 직업의 귀천, 학력의 고하, 경제적 차이에 관계없이 누구나 예술을 즐길 수 있다고 생각한다. 동영상 강의를 열심히 시청하고 나중에 관련된 책을 읽고 난 후, 열심히 음악 듣고 미술 감상하면 저절로 되는 것이다. 돈 많이 들어가는 거 아니다. 오로지 본인의 노력에 달려 있다고 생각한다. 예술을 즐기는 것이 삶의 퀄리티를 높이는 거라고 주장하고 싶다.

## 🖱 강좌 사이트

모바일앱-아트앤스터디

　-서양미술사 - 진중권

　-문화예술-미술-이것이 현대적 미술 1~2 - 임근준

유튜브-고독한 큐레이터닥터K-곰브리치 서양미술사

유튜브-문명여행자-곰브리치 서양미술사

유튜브-레츠아트-현대미술 총정리 1~3편

유튜브-허세미술관

　-현대미술 한방에 정리

　-현존하는 최고로 유명한 화가 Top 10

유튜브-오마이TV-진중권 '미디어 아트-예술의 최전선' 저자와의 대화

## 📖 관련된 책

〈서양미술사〉 - E. H. 곰브리치

〈진중권의 서양미술사〉 - 진중권

〈난처한 미술 이야기〉 1권~7권 - 양정무

〈현대미술 강의〉 - 조주연

## 2. 서양 건축사

　건축물은 그 시대의 정치, 경제, 사회, 종교, 철학 등 다양한 측면을 반영하므로 서양의 역사 및 문화를 이해하는 데 도움이 된다. 건축은 단순히 기능적인 요소를 넘어서 예술적 표현의 한 형태로 볼 수 있다. 따라서 서양 건축사를 통해 예술과 아름다움에 대한 다양한 관점을 이해할 수 있다. 특히 일반인들이 유럽 여행을 할 때 그리스 신전, 로마 시대의 많은 건축물 그리고 웅장한 고딕 성당 등을 구경할 것이다. 서양 건축사를 조금만 이해하고 둘러본다면 많은 것을 보고 느끼며 감동을 받을 수 있다.

　아트앤스터디에 있는 임석재 교수의 '서양 건축사 기행'이 단연코 최고다. 그리고 유튜브 벙어도서관의 '중세 유럽 건축 함께 읽기'도 임석재 교수의 강의로 만나 볼 수 있다.

　다음으로는 모바일앱 ebs class e의 김광현 교수의 '경이로운 성당건축의 세계로'를 시청 추천한다.

모바일앱-아트앤스터디-문화예술-건축-임석재의 서양 건축사 기행 1~2

모바일앱-ebs class e

   -경이로운 성당건축의 세계로 - 김광현

   -도시를 그리는 건축가 - 현창용

   -공간의 역사 - 유현준

   -한국 건축의 재발견 - 김봉렬

유튜브-범어도서관-중세 유럽 건축 함께 읽기 - 임석재

유튜브-문명여행자-유럽 건축 여행

## 관련된 책

〈서양건축사〉 - 임석재

〈사진과 그림으로 보는 건축의 역사〉 - 조너선 글랜시

# 3. 서양 음악사

　서양 음악사를 통해 음악이 어떻게 발전하고 변화해 왔는지 그리고 그 과정에서 어떤 음악적 기법이나 이론이 개발되었는지 이해할 수 있다. 음악의 복잡성과 그 진화를 알 수 있고 이는 현대 음악을 더 잘 이해하는 데도 도움이 된다. 다른 예술 형태, 예를 들어 미술, 문학, 무용 등에 대해 더 넓고 깊은 관점으로 접근할 수 있게 한다.

　클래식 음악은 고전부터 현재 동시대 음악까지 위에서 말한 기본적인 음악 발전사 지식을 갖추고 많이 듣는 수밖에 없다고 생각한다. 예전에는 비싼 오디오 장비와 CD 등을 구입해서 음악 감상을 해 왔다. 물론 이것은 수준 높은 음악 애호가들한테는 지금도 필요하다. 하지만 요즘 유튜브나 각종 클래식 음악방송 그리고 세계 유명 교향악단에서 제공하는 음악의 음질이나 화질 수준이 많이 좋아졌다. 따라서 일반인들도 언제, 어디서든 듣고 싶은 음악을 들을 수 있고, 보고 싶은 훌륭한 연주자들의 공연을 좋은 음질과 화질로 감상할 수 있다. 이 얼마나 축복인가. 과거에는 상상도 할 수 없었다.

　저자가 소개하고 싶은 사이트는 독일 베를린 필하모니 오케스트라에서 제공하는 모바일앱 '디지털 콘서트홀'이다. 연회비를 지불해야 회원이 될 수 있지만 충분한 값어치가 있다고 생각한다. 베를린필이 그동안 공연한 모든 실황이 저장되어 있어서 2, 3주 전에 독일 콘서트홀에서 했던 공연을 한국 안방에서 스트리밍해서 볼 수 있다. 비싼 돈을 들이지 않고도 최근의 따끈따끈한 공연을 독일 콘서트홀에서 감상하고 있다는 기분을 느낄 수 있다. 또한 저장되어 있는 수많은 공연 실황을 언제든지 찾아서 볼 수 있다. 더욱 좋은 점은 고전 음악부터 난해한 현대 음악까지 레퍼토리가 다양하다는 것이다. 따라서 세계적인 현대 음악 작곡가 진은숙의 곡을 베를린필에서 초연하는 것을 감상하는 기쁨을 맛보기도 한다.

---

**🔍 강좌 사이트**

모바일앱-디지털 콘서트홀(베를린필)
모바일앱-ebs class e-과학의 눈으로 바라본 음악의 세계 – 구자현
네이버-열린연단-[근대성]-49강. 음악, 인간의 삶 – 민은기
유튜브-최윤희음악연구소 해설이 있는 클래식-해설이 있는 클래식(서양 음악사)
유튜브-피아니스트 유경식-서양음악사
유튜브-서가명강-출간 기념 라이브 강의-〈음악이 멈춘 순간 진짜 음악이 시작된다〉 – 오희숙
유튜브-서가명강-예술학 – 오희숙

---

**📖 관련된 책**

〈서양 음악사〉 상, 하 – 그라우트
〈서양 음악사〉 – 민은기
〈한 권으로 듣는 클래식〉 – 샘 잭슨, 팀 리홀리우
〈난처한 클래식 수업〉 – 민은기
〈음악이 멈춘순간 진짜 음악이 시작된다〉 – 오희숙
〈음악과 과학의 만남〉 – 구자현

# 4. 팝송·락·재즈·영화·사진

클래식 음악이나 서양 미술 외에 팝송, 락, 재즈, 영화, 사진 등을 소개하는 것은 다양한 예술 형태를 탐험하면 서로 다른 문화들의 다양성을 이해할 수 있기 때문이다. 팝송, 락, 재즈 등은 대중음악의 장르로 각각 다른 문화와 역사적 맥락을 가지고 있다. 영화는 다양한 문화적 배경과 관점을 담아내며, 사진은 사진작가의 시대적, 문화적 영향을 반영한다. 이를 통해 우리는 다양한 문화를 인정하고 존중하는 태도를 갖출 수 있다.

다양한 예술 형태를 알아 가는 것은 우리의 인지력과 감성을 풍부하게 만들어 주고 문화적 이해와 소통을 강화시킬 수 있다. 또한 다양한 예술은 우리의 삶에 아름다움과 엔터테인먼트를 제공하며 자아를 표현하고 창의성을 발휘하는 데 큰 도움이 된다.

## 🖱 강좌 사이트

모바일앱-아트앤스터디

　-임진모가 들려주는 팝 음악의 역사-서양음악1: 록

　-문화예술-영화-세계 영화사2 – 전찬일

　-문화예술-사진-사진, 실체의 포착(사진의 탄생에서 현재까지) – 정주하

모바일앱-ebs class e

　-올 댓 재즈 – 남무성

　-사진이란 무엇인가 – 김중만

네이버-열린연단-[근대성]-39강. 영화: 예술과 대중문화 사이 – 김이석

유튜브-WIDia-락의 역사

유튜브-그래서 영화-영화 강의

유튜브-전주mbc original-[명강의]영화의 이해-알면 보이는 재밌는 영화사

유튜브-Sangpyo Hong-사진의 역사

## 📖 관련된 책

〈재즈 잇 업〉 – 남무성

〈사진의 역사〉 – 보먼트 뉴홀

# 5. 미학

미학은 미술, 음악, 문학, 연극 등 예술 분야의 작품과 그들의 아름다움에 대한 이론적 연구를 의미한다. 미학은 미술철학이라고 불리기도 하는데 '미'는 아름다움을 의미하고 '학'은 학문을 뜻한다. 따라서 미학은 아름다움에 대한 학문이라고 볼 수 있다. 미학은 주관적이고 개인적인 아름다움에 대한 감각과 이해를 탐구하면서도 객관적인 예술적 원리와 규칙을 조사하고 분석한다. 미학적 이론은 미술과 예술작품에 내재된 아름다움의 본질, 그들의 감정적인 영향, 작품들의 의미와 목적에 대해 다룬다. 미학은 다양한 시대와 문화에서 다른 관점들과 이론들로 연구되어 왔다. 예술과 아름다움에 대한 사고와 선호도는 개인별로 다르기 때문에 미학은 상대적인 주제이기도 하다. 그러나 미학적 이론은 예술작품을 이해하고 감상하는 데에 도움을 주며 예술가나 예술을 공부하는 사람들에게 중요한 지식을 제공한다. 또한 미학은 예술의 질적인 평가와 비판에도 사용된다. 미학적 기준에 따라 작품의 창의성, 기술적 표현, 그리고 감성적으로 전달하는 메세지의 강도 등이 평가된다. 따라서 미학적 이해는 예술 관람자나 비평가들이 작품을 평가하고 논의하는 데에 도움을 줄 수 있다. 미학적 이론은 예술의 역사와 발전을 이해하는 데도 필수적이다. 예술이 어

동영상으로 인문학 공부하기

떻게 변화하고 발전해 왔는지 다양한 예술운동과 작가들의 영향력을 파악하는 데에 미학적 지식이 필요한 것이다.

---

**🖱 강좌 사이트**

모바일앱-아트앤스터디-진중권 미학 세트

네이버-열린연단-[오늘의 세계]- 31강. 21세기 예술의 사조와 경향 - 이찬웅

유튜브-인문학 유치원-철학 유치원-근대미학의 출발점, 칸트: 판단력비판 읽기

유튜브-5분 뚝딱 철학-미학

유튜브-KH P-재생목록1-진중권 EBS 미학강의

유튜브-충코의 철학-미학

유튜브-예도TV-미학 강좌

유튜브-최광진의 미학 방송

---

**📖 관련된 책**

〈현대미학 강의〉 - 진중권

〈미학 오디세이〉 - 진중권

〈미학의 모든 것〉 - 김정현, 신운화, 신현주 외

〈무엇이 예술인가?〉 - 아서 단토

III.

과학

인문학과 과학은 철학, 사회, 문화, 자연, 우주 등 우리가 사는 세상을 이해하는 데 필요한 두 가지 주요 관점을 제공한다. 각각은 서로 다른 방식으로 우리에게 세상에 대한 통찰력을 제공하며 그들 간의 상호 작용은 이해력을 더욱 깊게 한다고 생각한다.

　요즘은 인간과 세상을 이해하는 데 인문학보다 과학의 중요성이 더 커진 거 같다.

　'우리는 어디서 왔는가?'는 우주론이, '우리는 누구인가?'는 진화론이나 뇌과학에서 훨씬 더 많은 설명을 하고 있으며 앞으로 양자역학의 발달로 양자역학의 일부 원리들이 인간의 의식, 인식, 그리고 철학적인 고찰에 영감을 제공할 것이다. 어떤 사람들은 양자역학의 원리를 인간의 의식이 우리 세계에 영향을 미칠 수 있다는 주장에 사용하기도 한다고 한다.

　따라서 과거와 같이 과학 공부를 하지 않는 인문학 공부는 인간과 세상을 이해하는 데 한계를 갖게 될 것이다. 하지만 일반인들이 과학에 접근하는 게 쉽지 않다. 앞서 이야기했듯이 처음부터 책을 읽고 이해하는 게 어려워서 금방 포기하고 만다. 저자가 책을 쓰게 된 이유도 바로 여기에 있는 것이다. 훌륭한 전공자들이 일반인들을 위해 노력과 정성을 들여 만들어 놓은 알차고 유익한 동영상 강좌들이 많이 있다. 이 또한 축복이며 그들에게 감사할 따름이다. 열심히 시청하고 관련된 책을 읽으면서 지식을 넓혀 가야 되지 않겠는가.

먼저 과학 관련된 강좌 사이트를 소개하려고 한다.

| 🖱 과학 관련 강좌 사이트 |
| --- |
| 박문호의 자연과학 세상(www.mhpark.or.kr) |
| 유튜브-카오스 사이언스 |
| 유튜브-박문호 tv |
| 유튜브-지식보관소 |
| 유튜브-우주먼지의 현자타임즈 |
| 유튜브-방구석 과학 |
| 유튜브-석군 |
| 유튜브-신박과학 |
| 유튜브-과학쿠키 |

# 1. 우주론

    우리가 우주의 어디에 위치해 있는지, 어떻게 태어났는지 그리고 우리의 존재가 우주와 어떤 관련이 있는지 등을 이해하는 것은 우리 자신의 위치를 파악하고, 그로 인해 우리의 삶에 대한 더 깊은 시각을 갖게 해 준다. 우주론은 물리학, 수학, 화학 등 여러 가지 과학 분야가 합쳐진 복합적인 분야다. 우리가 어디서 왔는지, 어디로 가고 있는지 등의 질문은 과거에는 철학이나 신학적인 문제로만 여겨져 왔는데 앞으로는 우주론을 통해 더 깊은 탐구가 가능하리라 생각한다. 앞으로 독자분들도 강의를 들으면서 알아 가겠지만 우리 우주는 약 138억 년 전에 '빅뱅'이라는 극도로 뜨거운 밀도가 높은 상태에서 시작되었다. 이후로는 계속해서 확장하고 있다고 한다. 여기에는 가장 중요한 두 가지 관찰적 증거가 있는데 하나는 '적색편이'라고 먼 은하들이 우리로부터 계속해서 멀어지고 있다는 것이고, 또 하나는 우주 전체를 통해 균일하게 분포한 코스믹 마이크로웨이브 배경복사(CMB)다. 지금 저자가 우주론 강의를 하려는 게 아니다. 저자는 과학 강좌를 시청하면서 두 장의 사진으로부터 신선한 충격을 받았다. 그 중의 하나가 어떤 우주론 강좌에서 강사가 보여 준 한 장의 사진이다. 대기권 밖에서 우주배경복사의 선명한 사진을 얻기 위해 유럽에서 위성을 쏘아 올린 적이 있다. 영국 엘리자베스 여왕이 그 프로젝트를 성공한 기관에 찾아가서 관련된 과학자들을 격려하고 있는 사진이다. 위대한 과학적 업적을 달성한 과학자들을 여왕이 직접 찾아가서 축하하고 노고를 치하하는 장면인 것이다. 우주배경복사의 중요성을 여왕이 알고 있고, 이걸 신문에 보도함으로써 일반 국민들도 알아야 된다는 것이다. 참으로 우리를 반성하게 만들고 앞으로 본받아야 할 점이 아닌가 생각한다.

제일 먼저 소개할 강좌는 이석영 교수의 '모든 사람을 위한 빅뱅 우주론'(모바일앱-ebs class e)이다. 대중을 상대로 알기 쉽게 우주론을 강의해 준 최초의 고마운 교수로 기억하고 있다.

두 번째로는 유튜브 카오스 사이언스의 2015 카오스 강연 'the origin 기원'의 우종학 교수의 '우주의 기원', 김희준 교수의 '물질의 기원', 최덕근 교수의 '지구의 기원'을 차례로 시청하기를 추천한다. 그 외에 카오스 사이언스에는 우주천문학에 관한 수많은 강의들이 있어 많은 도움을 받을 수 있다.

---

🖱 **강좌 사이트**

모바일앱-ebs class e
　-모든 사람을 위한 빅뱅 우주론 - 이석영
　-칼 세이건의 〈코스모스〉 읽기 - 이명현
네이버-열린연단
　-[근대성]-20강. 천체/이론: 물리학과 현대 우주관 - 김항배
　-[패러다임]-21강. 가모스와 이휘소, 우주론과 표준모형 - 남순건
　-[오늘의 세계]-34강. 우주론과 우주 개발의 미래 - 황정아

---

유튜브-카오스 사이언스

　-2015 카오스 강연 'the origin 기원'

　　-우주의 기원 – 우종학

　　-물질의 기원 – 김희준

　　-지구의 기원 – 최덕근

　-2019 카오스 강연 '기원, 궁극의 질문들'

　　-우주는 어떻게 시작되었는가?-빅뱅 – 김형도

　　-물질의 기원-빅뱅에서 희토류까지 – 윤성철

　　-은하의 기원 – 이석영

　-2021 카오스 강연: 21세기 천문학 – 이석영

유튜브-방구석 과학-우주의 기원 시리즈

## 📖 관련된 책

〈코스모스〉 – 칼 세이건

〈빅뱅 우주론 강의〉 – 이석영

〈우주, 시공간과 물질〉 – 김항배

〈엔드 오브 타임〉 – 브라이언 그린

〈우주의 시작과 끝〉 – 파블로스 피사노스

〈시간은 흐르지 않는다〉 – 카를로 로벨리

〈모든 순간의 물리학〉 – 카를로 로벨리

　　　　　　　　　　　동영상으로 인문학 공부하기

## 2. 양자역학

노벨 물리학상 수상자 리처드 파인만이 '양자역학을 제대로 이해한 사람은 아무도 없다'고 말할 정도로 양자역학 세계는 우리가 가진 감각과 사고방식으로는 도저히 이해하기가 힘든 영역이라고 한다. 하물며 일반인들에게는 더욱더 어떠하겠는가.

뉴턴 역학이나 아인슈타인의 상대성이론은 거시세계를 설명하는 데 잘 들어맞는다. 하지만 원자나 전자 단위의 미시세계는 다른 물리법칙이 적용되는데 이게 양자역학이다. 이해하기가 쉽지 않다. 그래도 일반인들이 양자역학의 기본개념을 이해해야 하는 이유는 양자역학이 오늘날 많은 기술, 예를 들어 스마트폰, 컴퓨터, MRI 등에 기여하고 있고 더 나아가 양자 컴퓨터, 양자 암호화 등의 미래기술도 양자역학에 기반을 두고 있기 때문이다. 인문학 공부하면서 이런 거까지 알아야 되나 의심할 수 있으나 양자역학은 세상에 대한 새로운 시각, 즉 우리의 직관과 상식에 도전하는 아이디어를 제공한다. 예를 들어 양자 중첩과 양자 얽힘은 전통적인 물리학 범위를 넘어선 현상이다.

요즘 워낙 중요하기 때문에 인문학자들이나 과학자들 그리고 일반인들도 관심을 가지고 있는 '양자역학과 철학'에 대해서 소개하고자 한다.

양자역학과 철학 사이에는 많은 관련이 있다. 양자역학은 자연의 가장 근본적인 수준에서 어떤 일이 일어나는지를 설명하는 물리학의 한 분야이다. 이는 물질과 에너지의 작은 단위, 즉 양자를 연구하는 학문이다. 그러나 양자역학은 그 예측들이 상식적인 세계와는 전혀 다르게 보이는데, 이로 인해 철학적인 의문들이 생긴다.

① 현실의 본질: 양자역학은 파동-입자 이중성, 얽힘 상태, 측정 문제 등을 통해 우리가 현실을 이해하는 방식에 도전하고 있다. 이런 현상들은 우리의 일상 경험과는 전혀 다르기 때문에, '현실이란 무엇인가?'라는 고전적인 철학적 질문에 대해 새로운 시각을 제공한다.

② 결정론과 불확정성: 클래식 물리학에서는 원인과 결과 사이에 명확한 연결이 있었다. 그러나 양자역학에서는 이런 확실성이 사라지며, 대신 확률론적인 예측만이 가능해진다. 이는 '우리의 세계는 얼마나 예측 가능한가?' 또는 '자유의지는 어떻게 가능한가?' 등의 철학적 질문을 제공한다.

③ 관찰자의 역할: 양자역학에서는 측정이나 관찰이 시스템의 상태에 영향을 미칠 수 있다는 개념이 있다. 이는 '관찰자는 현실에 어떻게 영향을 미치는가?'라는 철학적 질문을 던지게 한다.

④ 다중 우주해석: 양자역학의 해석 중 하나인 다중 우주해석은 각각의 가능성이 실재로 존재하는 별도의 '우주'를 만든다는 개념이다. 이 해석은 '우리가 살고 있는 현실이 유일한 현실인가?'라는 철학적인 질문을 제공한다.

동영상으로 인문학 공부하기

이런 주제들은 양자역학이 철학에 어떻게 적용될 수 있는지의 일부만을 보여 준다. 그러므로 양자역학은 우리의 존재와 현실에 대한 이해를 깊게 하는 데 중요한 도구로 볼 수 있다.

독자분들 중 처음 접한 분들은 무슨 뜬구름 잡는 소리냐고 할 수 있는데 여러 강좌를 시청하다 보면 모든 것이 100퍼센트는 아니더라도 많은 부분이 이해되는 기쁨을 맛볼 것이다. 반복해서 이야기하지만 처음부터 책만 봐서는 불가능하다. 우리는 과학 전공자가 아니다. 다른 분야를 전공하고 있는 학생들이나 전문적인 직업을 가지고 열심히 생활하고 있는 일반인들이 양자역학을 만나야 하는 방법인 것이다.

과학 강좌를 들으면서 두 장의 사진이 인상적이었다고 했는데 마지막 사진을 소개하려고 한다.

벨기에의 기업가이자 솔베이의 창립자인 에르네스트 솔베이가 개최한 국제 물리학, 화학 학회로서 매 3년마다 열리는데 1927년에 개최된 5차 대회의 참석자 기념사진이다. 사진의 인물 전원이 과학사에 굵직한 업적을 남겼으며 절반 이상인 17명이 노벨상 수상자이다. 거기에 설전을 벌인, 양자역학을 태동시킨 닐스 보어와 상대성이론의 아인슈타인이 있다.

이 사진을 보면서 여러 가지 할 이야기가 많겠지만 우리나라의 초, 중, 고등학생들 중에서 이 사진 한 장쯤은 책상 위 벽에 붙여 놓고 과학자의 꿈을 키워 나가는 학생들이 많았으면 좋겠다는 생각을 해본다. 요즘 학생들이 의대, 치대, 약대, 한의대만 가려고 하는 한국의 현실이 답답하기만 하기 때문이다.

## 🖱 강좌 사이트

모바일앱-ebs class e-기묘한 양자물질 이야기 - 한정훈

네이버-열린연단

   -[근대성]-24강. 양자물리학의 현재 - 김재완

   -[패러다임]-20강. 하이젠베르크와 양자역학 - 임채호

   -[오늘의 세계]-35강. 양자역학과 양자 기술 - 정현석

유튜브-지식보관소-양자역학

유튜브-방구석 과학-양자역학 시리즈

유튜브-사이언스북스-저자강연-이종필의 '물리의 정석' 특강: 양자역학편

유튜브-카오스 사이언스

   -2021 카오스 강연 'space opera'-미시세계의 양자물리 - 임채호

   -2023 카오스 강연 'INCREDIBLE QUANTUM'

유튜브-범준에 물리다-듣기만 해도 이해되는 양자역학 한 방에 정리

## 📖 관련된 책

〈물리의 정석〉(양자역학편) - 레너드 서스킨드, 이종필 역

〈김상욱의 양자공부〉 - 김상욱

〈우주, 시공간과 물질〉(양자역학편) - 김항배

〈일어날 일은 일어난다〉 - 박권

# 3. 고전물리학, 과학철학 등

순서 없이 유익한 강좌를 소개한다.

---

🖱 **강좌 사이트**

모바일앱-ebs class e

　-가장 인간적인 과학철학 이야기 - 이상욱

　-수학의 순간 - 김민형

　-이토록 황홀한 수학 - 김상현

　-화학의 연대기 - 장홍제

　-관계에 스며드는 물리학 - 김범준

네이버 열린연단

　-[패러다임]

　　-13강. 뉴턴, 근대과학의 정초 - 정병훈

　　-14강. 칼 포퍼와 현대 과학철학 - 엄정식

　　-17강. 프리고진, 복잡계의 이해 - 신국조

　　-18강. 맥스웰, 아인슈타인, 그리고 빛의 패러다임 - 이필진

　　-19강. 볼츠만, 확률과 통계의 과학 - 이덕환

　-[고전]

　　-35강. 토마스 쿤 〈과학혁명의 구조〉 - 홍성욱

---

-36강. 스티븐 호킹 〈시간의 역사〉 – 오세정

　-[근대성]-23강. 물질 세계와 수학 – 김홍종

　-[문화정전]

　　-25강. 근대과학의 역사적 기원 〈객관성의 칼날〉 – 이중원

　　-27강. '복잡한' 세상 〈확실성의 종말〉, 〈혼돈의 가장자리〉 – 김범준

　　-28강. 표준모형을 넘어서 〈최종 이론의 꿈〉 – 김수봉

　　-30강. 과학으로 본 우주 〈오리진〉, 〈여섯 개의 수〉 – 김형도

　　-33강. 수의 세계 〈수, 과학의 언어〉 – 금종해

유튜브-EBSi-EBS 스타강사 특강 제123회 이종필-상대성 이론의 이해 1~2

유튜브-EBSCulture-[EBS 인문학특강] 장하석의 과학, 철학을 만나다 시리즈

유튜브-카오스 사이언스-2023 카오스 강연 '상대성 이론'

유튜브-지식보관소-상대성 이론

---

### 📖 관련된 책

〈과학 혁명의 구조〉 – 토마스 쿤

〈$E=mc^2$〉 – 데이비드 보더니스

〈시간의 역사〉 – 스티븐 호킹

〈장하석의 과학, 철학을 만나다〉 – 장하석

〈세상을 보는 방식을 획기적으로 바꾼 10명의 물리학자〉 – 로드리 에번스, 브
　라이언 클레그

# 4. 생명과학

생명의 기원은 인간의 가장 기본적인 질문 중 하나이다. 생명이 어떻게 시작되었는지에 대한 이해는 우리가 자신과 우리가 살고 있는 세상에 대해 더 잘 이해하게 도와준다. 생명이란 매우 광범위하고 복잡한 개념으로 정의 내리기가 쉽지 않지만 일반적으로 셀 구조를 가지고 있고 복제 능력이 있으며, DNA라는 복잡한 분자를 사용하여 유전 정보를 저장하고 전달한다. 자신의 유전 정보에 따라 성장하고 발달하며, 대사 능력이 있으며, 자극에 대한 반응, 환경에 적응하는 능력이 있다. 이러한 특성은 생명의 일반적인 정의를 형성하지만 여전히 예외와 경계 사례가 있다고 한다. 태양계가 만들어지고 지구가 만들어진 후 초기 지구의 '원시스프'라고 불리는 환경에서 생명이 시작되었다고 주장하는 이론이 있다. 이 환경에는 메테인, 암모니아, 수소, 물 등의 화합물이 에너지원(예: 번개 또는 자외선)의 영향하에 복잡한 유기화합물을 형성할 수 있다. 또 다른 '열수구멍 이론'도 있고 외계행성으로부터 생명의 가능성을 탐색하는 경우도 있다. 생명이 어떻게 시작되는지에 대한 이해는 외계행성에서 생명을 찾는 탐색에 도움이 될 수 있다. 따라서 생명의 기원에 대한 연구는 광범위한 과학적, 철학적, 그리고 사회적 이슈에 대한 통찰력을 제공하며, 우리의 세상에 대한 깊은 이해를 촉진한다.

🖱 강좌 사이트

모바일앱-ebs class e

　-생명의 시작, 그리고 미래 - 송기원

　-과학이 놓치고 있는 생명 이야기 - 정우현

네이버-열린연단

　-[삶의 지혜]-28강. 생명의 기원과 종화 - 박종화

　-[문화정전]-31강. 생명이란 무엇인가 〈우연과 필연〉 - 김응빈

　-[패러다임]-16강. 다윈과 왓슨 그리고 현대 생명과학 - 이준호

　-[삶의 지혜]-29강. 생명공동체와 생명과학 기술의 도전 - 송기원

　-[오늘의 세계]-36강. 생명과학의 현재와 미래 - 노정혜

유튜브-카오스 사이언스

　-2017 카오스 강연 '물질에서 생명으로' 처음부터 끝까지 순서대로

　-2019 카오스 강연 '기원, 궁극의 질문들' 6강 생명의 기원 그리고 세포내
　공생을 통한 식물의 진화 - 윤환수

📖 관련된 책

〈물질에서 생명으로〉 - 노정혜, 조윤제

〈송기원의 포스트 게놈시대〉 - 송기원

〈생명이란 무엇인가〉 - 에르빈 슈뢰딩거

# 5. 고인류학

인간의 기원은 아주 오래전 약 6백만 년 전에 아프리카에서 찾을 수 있다. 인간의 직접적인 조상으로 보이는 종들이 최초로 나타나기 시작한 것이다. 이들 초기 홍롱이류(hominin)는 채찍다리 원숭이와 유사하지만 다르다. 우리의 직접적인 조상인 홍롱이류 중의 한 종인 '아우스트랄로피테쿠스(Australopithecus)'는 약 4백만 년 전에 아프리카에서 발견되었고 이 종은 두 발로 걷는 것이 가능했다. 그리고 이들은 또한 도구를 사용하였다. 그 후에는 '호모(Homo)'속의 여러 종이 등장하였다. 이들 중에서도 가장 알려진 종은 '호모 에렉투스(Homo erectus)'와 '호모 네안데르탈렌시스(Homo neanderthalensis)'이며 각 190만 년 전과 40만 년 전에 나타났다. 마지막으로 약 30만 년 전에 '호모 사피엔스(Homo sapiens)'가 등장했다. 이 종은 우리 현대인의 직접적인 조상이다. '호모 사피엔스'는 복잡한 사회구조를 갖추었고 예술과 과학, 종교 등 고도의 문화를 만들어 냈다. 약 7만 년 전부터 '호모 사피엔스'는 아프리카를 벗어나 세계 각지로 이동하였고 그 과정에서 다른 인간 종들과 만나며 교류했다. 이렇게 해서 '호모 사피엔스'는 오늘날 세계 곳곳에 살고 있는 유일한 인간 종이 되었다.

고인류학 강좌는 이상희 교수가 독보적이다. 개인 유튜브 '이상희 인류

진화'에 수많은 강좌가 올려져 있어서 우리에게 많은 도움을 주고 있다.

---

**🖱 강좌 사이트**

모바일앱-ebs class e-사람의 기원 – 이상희

유튜브-카오스 사이언스-2019 카오스 강연 '궁극의 질문들'-인류의 기원 –
   이상희

유튜브-동아시아유니버스-북터뷰-최신의 과학으로 인류학은 진화 중 – 이상희

---

**📖 관련된 책**

〈인류의 기원〉 – 이상희

〈인류의 진화〉 – 이상희

---

동영상으로 인문학 공부하기

# 6. 진화론

진화론은 생물학의 핵심이론 중 하나로 생명체가 시간이 지나면서 변화하고 발전하는 과정을 설명한다. 모든 생명체의 다양성과 그들이 어떻게 현재의 형태로 발전했는지 이해하는 데 필수적이다. 진화론의 가장 잘 알려진 형태는 찰스 다윈이 제안한 자연선택설이다. 다윈의 이론은 모든 종이 공통의 조상에서 진화했으며 가장 적합한 특성을 가진 개체들이 생존하고 번성할 가능성이 더 높아 그 특성이 후손에게 전달되는 원리이다. 이러한 진화의 과정은 생명체의 형태, 행동, 생리 등에 영향을 미치는 유전적 변이에 기반하고 있다. 이 변이들은 자연 선택에 의해 증가하거나 감소하며 시간이 흐르면서 이런 과정들이 생명체의 형태와 특성을 바꾸고 새로운 종을 만들어 낸다. 호모 사피엔스 또한 기나긴 시간 동안 위 과정을 거치면서 탄생한 새로운 종인 것이다. 따라서 진화론은 인간이 자연 세계와 어떻게 관련되어 있는지, 우리의 출현과 발전이 어떤 과정을 거쳤는지 이해하는 데 도움을 준다. 이것은 우리가 우리 자신과 우리가 속한 생명체 커뮤니티에 대해 어떻게 생각하는지에 영향을 미칠 수 있다. 또한 진화론은 인간의 존재와 생명의 본질에 대한 깊은 고찰을 가능하게 한다. 이는 철학, 윤리, 신학 등 다양한 학문 분야에서 중요한 질문을 제기한다고 생각한다.

우리나라에서 진화론을 최초로, 가장 열심히, 널리 알리려고 노력했던 분이 최재천 교수가 아닌가 생각한다. 한 명의 훌륭한 과학자의 노력이 국민들의 지적 수준을 올려놓은 것이다. 고마울 따름이다.

먼저 소개할 강좌는 최재천 교수가 중심이 돼서 한국의 진화론 전공자들이 만들어 놓은 카오스 사이언스의 2022 카오스 강연 '진화'와 2022 카오스 강연 '진화가 필요한 순간'이다. 방대한 양의 수준 높은 강연들이 꽉 차 있다. 처음부터 끝까지 차례대로 시청하기를 추천한다.

---

**🔍 강좌 사이트**

모바일앱-ebs class e-리처드 도킨스의 〈이기적 유전자〉 읽기 - 전중환
네이버-열린연단
   -[고전]-33강. 다윈 〈종의 기원〉 - 장대익
   -[문화정전]-31강. 생명의 진화 〈다윈 이후〉 - 정충원
   -[주제]-22강. 생물학, 진화론, 인간 이해 - 장대익
유튜브-카오스 사이언스
   -2022 카오스 강연 '진화' 처음부터 끝까지 순서대로
   -2022 카오스 강연 '진화가 필요한 순간' 처음부터 끝까지 순서대로

---

**📖 관련된 책**

〈이기적 유전자〉 - 리처드 도킨스
〈다윈지능〉 - 최재천
〈다윈의 식탁〉 - 장대익
〈눈먼 시계공〉 - 리처드 도킨스
〈종의 기원〉 - 장대익

# 7. 심리학

  심리학은 사람들의 행동, 생각, 감정 등을 연구하는 학문이다. 심리학을 통해 사람들이 왜 그렇게 행동하는지, 그리고 사람들이 어떤 상황에서 특정한 방식으로 반응하는 이유를 알 수 있다. 심리학은 우리가 다른 사람들과 어떻게 상호작용하는지를 이해하는 데 도움을 준다. 이는 효과적인 의사소통과 상호 이해를 돕고 갈등 해결에 유용할 수 있다. 또한 심리학은 우리 자신의 행동과 감정을 이해하는 데 도움을 준다. 이는 자기 자신에 대한 통찰력을 높이고 스트레스 관리, 목표 설정, 개인적인 성장 등에 도움이 될 수 있다. 더 나아가 심리학은 사회적인 문제들, 예를 들어 폭력, 불평등, 정신 건강 문제 등을 이해하고 해결하는 데 기여할 수 있다.

  심리학은 여러 하위 분야로 나뉘어져 있으며 또한 모든 분야가 서로 연결되어 있다. 심리학 전체는 이러한 다양한 관점을 통해 인간 행동과 인간 마음의 복잡성을 이해하려고 한다. 심리학은 개인의 일상적인 결정부터 사회의 중요한 이슈까지 다양한 영역에 적용되며 이를 통해 인간 행동을 더 잘 이해하고 예측하는 것을 목표로 한다.

**강좌 사이트**

모바일앱-아트앤스터디-심리학에 눈을 뜨다, 마음을 읽는 키워드 - 전우영

모바일앱-ebs class e-김민식의 마음 사용 설명서 - 김민식

유튜브-TV단독자-심리학 프로젝트

유튜브-5분 심리학-심리학 개론

유튜브-누다심의 심리학 채널-중급 심리학

유튜브-플라톤아카데미TV-심리학, 인간을 말하다

**관련된 책**

〈처음 시작하는 심리학〉 - 조영은

〈세계 심리학 필독서 30〉 - 사또 다쓰야

# 8. 진화심리학

　진화심리학은 진화이론의 원리를 심리학에 적용하여 인간의 심리적 행동과 프로세스가 왜, 그리고 어떻게 발전했는지 설명하려는 분야이다. 생물학적 진화 이론과 심리학을 결합한 학문으로 인간의 정신과 행동 패턴이 진화 과정에서 어떻게 발전해 왔는지를 탐구하는 분야이다. 따라서 진화심리학은 인간 행동과 심리를 진화적으로 해석하여 이해하는 데 도움을 준다. 우리는 수백만 년 동안 진화하여 생존과 번식을 위해 적응한 특성과 성향을 가지고 있다. 진화심리학은 이러한 특성과 성향을 설명하고, 예측하며, 이를 통해 우리 행동의 기반이 되는 원인을 파악할 수 있다. 그리고 진화심리학은 인간의 생존 전략과 관련된 행동을 이해하는 데 도움을 준다. 우리의 행동과 결정은 생존과 번식의 성공을 증진하는 데 영향을 받는다. 진화심리학은 왜 우리가 특정한 음식을 선호하고, 왜 우리가 사회적인 관계를 형성하며, 왜 우리가 위험을 피하는 경향을 가지는지를 설명할 수 있다. 또한 성적 선택과 짝짓기에 대한 이해를 돕고 문화적인 현상의 진화적인 기원과 변화를 이해하는 데도 도움을 준다. 어떻게 문화가 형성되고 전파되며, 어떻게 문화적인 변화가 진화적 적응에 영향을 미치는지를 이해하는 데 도움을 준다.

이러한 이유로 인해 진화심리학은 우리의 행동, 심리, 사회적 상호작용, 문화적 현상에 대한 이해를 풍부하게 해 주는 중요한 학문 분야이다. 진화심리학의 원리와 이론을 학습하고 적용함으로써 우리는 인간 행동의 원인과 의미를 좀 더 깊이 이해할 수 있다고 생각한다. 우리나라에는 진화심리학을 공부하는 전공자가 많지 않은 거 같다. 다음의 전중환 교수의 강좌를 찾아서 많이 시청하기를 바란다. 앞으로는 기존의 심리학이 진화심리학이나 뇌과학의 영역에서 많이 설명될 거라고 생각된다.

---

**🔍 강좌 사이트**

유튜브-카오스 사이언스-2022 카오스 강연 '진화가 필요한 순간'
   -마음의 진화 - 이대한
   -과학자가 쓴 과학책-진화한 마음 - 전중환
유튜브-채자왈-진화심리학

---

**📄 관련된 책**

〈진화한 마음〉 - 전중환
〈오래된 연장통〉 - 전중환
〈진화심리학〉 - 데이비드 버스

# 9. 뇌과학

뇌과학은 우리의 뇌와 관련된 동작과 기능, 그리고 인지 및 행동을 연구하는 학문이다. 뇌는 우리가 사고하고 감각을 받아들이며 움직이는 등 인간 활동의 중심이다. 뇌과학은 우리가 어떻게 학습하고 기억하는지, 어떻게 의사 결정을 내리는지, 어떻게 감정을 처리하는지 등 우리의 행동과 관련된 기본원리를 이해하는 데 도움을 준다. 이는 교육, 심리치료, 의료 등 다양한 분야에서 적용될 수 있다. 뇌과학은 신경학적 질환인 알츠하이머병, 뇌졸중, 신경 발달 장애 등과 같은 질병과 장애를 이해하고 치료하는 데 도움을 준다. 이러한 질환들은 뇌의 기능과 연관되어 있으며 뇌과학 연구를 통해 이러한 질환의 원인을 밝히고 예방 및 치료 방법을 개발하는 데 도움이 된다. 그리고 뇌과학은 뇌의 동작원리를 이해하는 데 중요한 역할을 한다. 이러한 이해는 인공지능 및 뇌-기계 인터페이스 분야에서 중요한 응용 가능성을 제공한다. 뇌과학 연구는 인공지능 시스템을 개발하고, 뇌신호를 해석하여 기계와 뇌 사이의 통신을 가능하게 하는 기술을 발전시키는 데 도움이 된다. 뇌과학 연구는 우리 개개인의 복지와 행복에도 영향을 줄 수 있다. 우리가 뇌과학을 알아야 하는 이유는 인간 행동의 이해, 질병의 이해와 치료, 인공지능과 컴퓨터 인터페이스 기술의 발전, 개인의 복지와 행복, 그리고 윤리적 및 사회적 고려 등 다양한 영역에서의 중요성 때문이다. 뇌과학은 우리의 삶과 사회에 깊은 영향을 미치며 인간의 이해와 혁신을 촉진하는 데 기여한다.

인류는 그동안 뇌과학 분야에서 많은 발전을 이루었다. 그러나 뇌과학은 아직 많은 미스터리와 이해되지 않은 부분이 있어 계속해서 연구되고 있다. 지금까지 알아낸 것 중 매우 중요한 것 중의 하나가 뇌의 가소성이다. 그전까지만 해도 나이가 들수록 인간의 뇌는 퇴화만 되는 줄 알았다. 하지만 책을 많이 읽거나, 여행, 세상과의 교류, 새로운 것에 대한 도전과 같은 여러 경험을 많이 하여 뇌에 많은 데이터를 공급하면 뇌조직이 시간과 경험에 따라 변화하거나 적응한다는 것이다. 이것은 뇌가 학습, 기억, 상황에 따른 조절 등을 가능하게 하는 중요한 특성이다. 뇌의 가소성은 뇌의 신경회로가 활성화되거나 비활성화되며 연결 패턴이 변화할 수 있다는 것을 의미한다. 노화로 인한 기억력 감퇴 등 뇌조직의 퇴행현상은 어쩔 수 없지만 지금까지 뇌과학이 밝혀 놓은 이 이론은 우리로 하여금 이 책에서 다루고 있는 다방면의 지식을 공부하고 예술을 감상하는 것이 뇌의 새로운 신경회로를 활성화하고 치매도 예방할 수 있다는 희망을 가질 수 있어서 뇌과학자들한테 고마움을 느낀다. 앞으로 많은 놀라운 발견들이 이루어질 거라고 생각한다.

## 🖱 강좌 사이트

모바일앱-ebs class e

   -오늘의 뇌과학 – 송민령

   -진화하는 뇌, 진화하는 인류 – 임창환

   -뇌, 얼마나 아십니까 – 김대식

네이버-열린연단

   -[주제]-21강. 신경과학의 이해 – 김대식

   -[자유와 이성]-23강. 뇌 과학에서의 자유 – 김대수

유튜브-카오스 사이언스-2016 카오스 강연 "뇌-Brain" 처음부터 끝까지 순서

   대로

## 📖 관련된 책

〈송민령의 뇌과학 이야기〉 – 송민령

〈1.4킬로그램의 우주〉 – 정재승, 정용, 김대수

〈뇌과학의 모든 역사〉 – 매튜 코브

〈생각의 탄생〉 – 윌리엄 캘빈

# IV.
# 경제

# 1. 경제사

경제 이론은 시간이 흐름에 따라 변화하고 발전해 왔다. 다양한 학자들의 연구와 사고 방식의 변화, 경제 현상의 변화 등이 경제 이론의 발전을 이끌어 왔다. 18세기와 19세기에는 고전적인 경제 이론이 주로 발전하였다. 이 시기에는 아담 스미스의 국부론적 통찰력과 다수의 경제학자들의 이론들이 등장했다. 이들 이론은 시장의 자율성과 경쟁이 경제의 효율성을 증진시킬 수 있다는 주장을 펼쳤다. 그 후 19세기에는 카를 마르크스와 프리드리히 엥겔스에 의해 발전된 마르크스주의 경제 이론이 등장했다. 이 이론은 자본주의 경제 시스템과 사회적인 계급 갈등을 중심으로 분석하여 노동가치론, 잉여가치, 부의 불균형 등을 이론적으로 다루며, 경제의 사회적인 측면을 강조한다. 20세기 초에는 신고전 경제 이론이 등장하였다. 이론적으로는 알프레드 마샬의 가격 이론, 존 메이너드 케인즈의 케인지안 경제학, 오스카 랭그의 생산 이론 등이 주목 받았다. 이 이론들은 경제의 균형과 효율성에 대한 이론적인 분석을 발전시켰으며 정부의 역할과 경제 정책의 중요성을 강조한다. 20세기 이후 현대 경제 이론은 다양한 학파와 접근법이 등장하면서 더욱 다양해졌다. 신학과 경제학, 행동 경제학, 제도 경제학 등이 경제 현상을 다양한 관점에서 이해하고 설명하고 있다.

🖱 강좌 사이트

모바일앱-ebs class e-경제학의 역사 – 류동민

[애덤 스미스]

    네이버-열린연단-[고전]-30강. 애덤 스미스 〈도덕감정론〉, 〈국부론〉 – 박세일

    유튜브-만화로 보는 맨큐의 경제학-경제학자들의 생각: 국부론(애덤 스미스)

    유튜브-자유기업원-국부론 완전정복 – 안재욱 교수

[데이비드 리카도]

    유튜브-만화로 보는 맨큐의 경제학

      -경제학자들의 생각

      -정치경제학 및 과세의 원리(리카도)

[존 스튜어트 밀]

    유튜브-만화로 보는 맨큐의 경제학-경제학자들의 생각: 정치경제학원리

[카를 마르크스]

    네이버-열린연단-[고전]-32강. 마르크스 〈경제학 철학 초고〉, 〈정치경제학 비판 요강〉, 〈자본론〉 – 강신준

    유튜브-만화로 보는 맨큐의 경제학

      -경제학자들의 생각: 칼 마르크스

      -경제학자들의 생각: 자본론(마르크스)

[앨프리드 마셜]

    유튜브-만화로 보는 맨큐의 경제학-경제학자들의 생각: 경제학 원리

[조지프 슘페터]

    유튜브-자유경영원-(110) 슘페터의 '자본주의, 사회주의, 민주주의'

    유튜브-ONE STAR-163. 조지프 슘페터: 자본주의, 사회주의, 민주주의

[존 메이너드 케인즈]

　　네이버-열린연단-[패러다임]-24강. 케인즈, 자본주의의 갱신 - 고세훈

　　유튜브-만화로 보는 맨큐의 경제학-경제학자들의 생각: 케인즈

[프리드리히 하이에크]

　　네이버-열린연단-[문화정전]-44강. 케인즈와 하이에크 - 김균

　　유튜브-만화로 보는 맨큐의 경제학-경제학자들의 생각: 하이에크

[밀턴 프리드먼]

　　유튜브-만화로 보는 맨큐의 경제학-경제학자들의 생각: 밀턴 프리드먼

[존 포브스 내쉬 2세]

　　유튜브-KDI 경제정보센터-지식채널e-경제 시리즈3: 8부 내쉬의 균형

　　유튜브-5분 뚝딱 철학-윤리학-존 내쉬: 죄수의 딜레마

[대니얼 카너먼]

　　유튜브-Smart Investing-[독서요약] 생각에 관한 생각(행동경제학의 바이블)

[아마르티아 센]

　　유튜브-문드로이드-책 읽는 로봇-아마티아 센, 마사 누스바움(역량접근법)

　　유튜브-방출티비-20분 만에 읽는 명저 한 권 〈정의의 아이디어〉(아마르티아 센)

[조지프 스티글리츠]

　　유튜브-단단아빠의 작은 도서관-불평등의 대가(조지프 스티글리츠)

---

### 📖 관련된 책

〈9명의 경제학자들〉 - 류동민

〈경제이론의 역사〉 - 박기주

〈나의 첫 경제사 수업〉 - 조너선 콘린

〈경제학의 슈퍼스타들〉 - 브누아 시마

〈한 권으로 끝내는 경제학 명저 50〉 - 가게야마 가츠히데

## 2. 자본주의

　15세기부터 18세기 중반까지 유럽에서 상인 자본주의가 발달했다. 주로 해외 무역과 상업 활동이 중심이었다. 이 시기에 유럽 국가들은 식량, 천연자원 및 제조업 제품을 교환하면서 부를 축적하였다. 18세기 중반부터 19세기에는 산업자본주의가 발달했다. 산업혁명의 발생으로 기계화 생산이 이루어지고 공장 시스템이 등장했다. 자본가들은 자본을 투자하여 제조업과 광업을 확장하였고 일반 노동자들은 공장에서 일하게 되었다. 19세기 후반부터 20세기 초에는 금융자본주의가 주목받았다. 이 단계에서는 자본가들이 자본을 투자하고 자본을 빌려주는 금융기관들이 중요한 역할을 했다. 주식시장과 은행 시스템이 발달하면서 대규모 기업의 성장과 자본의 흐름이 가속화되었다. 20세기 후반부터 현재까지는 현대 자본주의가 지배적인 경제 체제로 자리매김했다. 다국적 기업이 성장하고 글로벌 경제가 형성되었으며 자본의 흐름과 투자는 전 세계적으로 이루어지며 자본가들과 노동자들 간의 균형과 노동조건 등을 놓고 사회적인 논쟁이 이루어지고 있다. 자본주의의 역사를 잘 이해함으로써 현재 자본주의의 장단점을 잘 파악하고 개선점을 찾아야 한다고 생각한다.

🔍 강좌 사이트

모바일앱-ebs class e

  -자본주의 발전사 - 홍익희

  -세계금융의 지배자, 미 연준 - 김진일

  -인플레이션의 역사 - 신환종

유튜브-차미연TV-명사특강-[함재봉 교수의 자유이념 특강]-개인주의와 자
  본주의

유튜브-더나은삶TV-시즌 2. 재미있는 자본주의 이야기

유튜브-강연의 시대-인문학 시리즈-11강: 신자유주의와 신경제

유튜브-일인칭시점, 일상 속 인문학-프랜시스 후쿠야마 〈자유주의와 그 불만〉

📖 관련된 책

〈신 유대인 이야기〉 - 홍익희

〈세계 경제학 필독서 50〉 - 톰 버틀러 보던

# 3. 경제 정의

　신자유주의 체제에서는 개인의 자유와 경쟁을 중시하므로 소득과 재산의 불균형이 발생할 수 있다. 부자와 가난한 계층 사이의 소득 격차가 커지고 상위 계층이 점점 더 부를 축적하는 경향이 있다. 이로 인해 사회적 불평등이 심화되고 기회의 불균형이 발생할 수 있다. 신자유주의 체제에서는 경쟁이 촉진되고 경제주체들의 자율성이 강조되기 때문에 권력과 자원이 특정 기업이나 개인들에게 집중될 수 있다. 이는 독점적인 시장 지배력과 권력 집중으로 이어질 수 있으며 경제의 공정성과 경쟁력을 해칠 수 있다. 또한 정보의 불균형이 발생할 수 있으며 일부 기업들이 환경, 노동자 권리, 소비자 보호 등의 사회적 책임을 소홀히 할 수 있다. 특히 경쟁이 치열해지고 효율성이 강조되는 신자유주의 체제에서는 경제적 약자나 취약 계층이 경쟁에서 밀려날 수 있다. 이를 보완하기 위해서는 사회적 안전망을 구축하고 교육과 기회의 확대 등을 통해 소득 격차를 완화하는 정책들이 필요하다고 생각한다.

　경제 성장을 어느 정도 이룩한 한국은 앞으로 경제 성장을 더 가속시켜야 한다는 여론과 지금은 분배에 더 중점을 주어야 한다는 주장들이 맞서고 있다고 생각한다. 하나는 경제 성장을 더해서 파이를 키우면 그 혜택이 결국은 하위 계층까지 '누수'되어 사회 전체가 혜택을 받을 수 있게 된다는 주장이고, 다른 하나는 지금의 신자본주의 시스템에서는 경제 성장을 해 봤자 상위 계층에 더 큰 혜택이 제공되어 소득과 재산의 불평등이 확대되고 빈부 격차를 더 심화시켜 사회적 긴장이 더 커지게 된다는 주장이다. 이런 문제일수록 일반인들이 판단하기가 쉽지 않다. 그와 관련된 강의를 듣고 책을 보면서 어느 정도의 지식을 습득한 다음 한국의 경제학자나 사회학자들이 지금의 한국 상황에서 펼치고 있는 주장들을 잘 파악하고 그들 전공자들에게 힘을 실어 줘야 되지 않을까 생각한다. 다음의 이정우 교수의 강좌를 꼭 시청하기를 바란다. 과거 장관 재직 시에도 경제 정의에 많은 관심을 가지고 훌륭한 일을 많이 했지만 요즘 같은 시대에 한 번 더 장관직을 수행해서 갈수록 심해지고 있는 한국사회의 가장 큰 문제이며 앞으로 큰 뇌관으로 작동하게 될 양극화 문제, 빈부 격차 해소에 많은 도움을 '한 번 더' 줬으면 좋겠다는 개인적인 바람을 가져 본다.

---

🖱 **강좌 사이트**

모바일앱-ebs class e
   -피케티, 우리는 왜 불평등한가? - 이정우
   -죄수의 딜레마를 넘어 - 최정규
네이버-열린연단
   -[삶의 지혜]-44강. 소득 불평등과 복지 - 신광영
   -[오늘의 세계]-20강. 양극화와 중산층 문제 - 구해근
유튜브-플라톤아카데미TV-[한국인, 우리는 누구인가] 정의로운 한국 자본주의는 가능한가?

유튜브-더나은삶TV-더 나은 경제를 위해

　-돈 무제한 풀어도 된다는 경제이론(현대 화폐이론)

　-자본론을 21세기에 읽으면 삶의 무기가 되는 이유

📖 관련된 책

〈약자를 위한 경제학〉 - 이정우

〈만화로 읽는 피케티의 21세기 자본〉 - 야마가타 히로오

〈이타적 인간의 출현〉 - 최정규

〈나쁜 사마리아인들〉 - 장하준

# V.
# 정치 · 사회

# 1. 정치학

    정치학은 인류의 역사와 함께 발전해 온 학문 분야이다. 정치학의 초기 단계는 고대 그리스의 철학자들에 의해 형성되었다. 소크라테스, 플라톤, 아리스토텔레스 등은 국가와 정부, 정의와 법, 정치적 공공이념 등에 대한 철학적 탐구를 수행하였다. 중세 시대와 르네상스 시대를 거쳐 근대 시대에는 인간의 권리와 정부의 권력 분리 등의 개념이 더욱 강조되면서 현대 정치학의 토대가 마련되었다. 이데올로기와 정치이론들이 성장하고 국가 간의 관계와 국제정치의 연구도 시작되었다. 20세기에 들어서면서 정치학은 국제관계, 비교정치학, 정부론, 정치 이론 등 다양한 분야로 세분되었다. 정치학은 사회적 변화와 국제적 사건들과 함께 발전해 오면서 현대사회의 중요한 학문 분야로 자리매김하게 되었다. 정치학은 끊임없이 변화하고 발전하며 인류의 정치적 상황과 문제에 대한 이해를 향상시키는 데에 지속적으로 기여하고 있다. 정치학은 사회와 정치에 대한 폭넓은 시각과 이해력을 갖추는 데에 중요한 역할을 한다. 이를 통해 개인적으로 세계를 더 깊이 이해하고 시민의식과 참여를 증진시키는 데에 기여할 수 있다. 또한 정치학의 지식은 사회와 정치적 활동을 통해 긍정적인 변화를 이끌어 내는 데 도움을 줄 수 있다.

위에서 말한 원론적인 이야기 대신 한국 현실정치에 대해서도 한번 생각해 보고 싶다. 한국에서 가장 낙후되어 있는 게 정치 분야라고 모두들 여기고 있다. 훌륭한 정치인들도 많이 있지만, 대다수 정치인들을 마음에 들어하지 않는다. 한국의 정치 수준이 낮다고 생각하는 것이다. 맞는 말이다. 하지만 이런 말이 있다. '한 나라의 정치 수준은 정확히 그 나라의 정치에 대한 국민들의 수준과 똑같다'. 즉 정치에 대한 국민들의 수준과 정치인들의 수준이 다 똑같다는 것이다. 우리가 정치인들만 욕할 게 아니라는 것이다. 어느 것 하나 토론과 대화를 통해서 합의점을 찾지 못하고 있다. 좌우 간 갈등, 진보와 보수의 대립, 지역 간의 감정 싸움 등 정치인들이 타협하지 못하고 있는 것을 일반 국민들도 똑같이 따라 하면서 분열하고 있는 것이다. 거기에는 어떤 이론적, 사실적 근거에 바탕을 둔 합리적이고 이성적인 대화와 토론이 없다. 진보나 보수 중 고집이 센, 개똥철학하는 사람들의 선동에 의해서 국민들도 휩쓸리고 있는 것이다.

하버마스의 '공론장 이론'에 의하면 공론장의 의미는 공적의견, 즉 여론이 생성되고 수정되는 공간을 말한다. 이때 공론장에 참여하는 사람들은 객관적인 시각과 함께 합리성, 그리고 서로 토론할 수 있는 '능력'을 지니고 있어야 한다고 말한다.

하버마스는 우리 사회에서 대화와 토론으로 공론을 형성하지 못하는 이유를 'learned people'이 많지 않아서 그런다고 한국 교수의 질문에 대답했다고 한다. 대학 졸업생의 비율이 높지 않아서 그런 것이 아니다. 기본적인 지식이 밑바탕에 깔려 있는 상황에서 합리적이고 이성적인, 논리적인 대화와 토론 능력이 부족하다는 말이다. 초등학교 때부터 교육이 얼마나 중요한가를 알 수 있고, 성인이 되어서도 꾸준한 학습이 필요한 이유인 것이다. 국가를 잘 운영하고 사회 통합을 위해서는 정치의 역할이 굉장히 중요하다. 많이 낙후되어 있는 한국 정치이지만 외면만 하지 말고 지속적인 관심과 참여가 필요한 것이다. 한국 정치에 대해선 할 이야기가 너무 많지만 이만 줄이겠다.

---

**⌖ 강좌 사이트**

모바일앱-ebs class e-정치와 나: 근대에서 온 질문 – 김만권

유튜브-서울숲양현재-정치란 무엇인가 – 함재봉

유튜브-오마이TV-조국 법학 고전 읽기 1~3

유튜브-참여연대-팟캐스트/철학사이다 강좌

　-좋은 정치지도자란 누구인가?

　-자유주의란 누구인가?

[마키아벨리]

　유튜브-문명여행자-마키아벨리가 군주론과 로마사 논고에서 말하는 메시지

　유튜브-홍알정-[홍정민 교수의 정치철학 이야기]-마키아벨리

[토마스 모어]

　유튜브-목철TV-[목요철학 인문포럼] 제774회 '토머스 모어' 〈유토피아〉

[마르틴 루터]

　유튜브-시나페홀로, 철학하다-[마르틴 루터의 종교개혁 이야기] 인쇄술,
　금융자본

[장 칼뱅]

　유튜브-기독미디어 로고스TV-칼뱅, 자본주의의 고삐를 잡다

[토마스 홉스]

　유튜브-홍알정-[홍정민 교수의 정치철학 이야기]-자유주의: 홉스

　유튜브-중앙선거관리위원회-[민주주의를 만드는 사상들]-9회 홉스/리바
　이어던

---

[스피노자]

　　유튜브-중앙선거관리위원회-[민주주의를 만드는 사상들]-10회 스피노자/

　　정치론

[존 로크]

　　유튜브-홍알정-[홍정민 교수의 정치철학 이야기]-자유주의: 로크

[루소]

　　유튜브-홍알정-[홍정민 교수의 정치철학 이야기]-자유주의: 루소

[몽테스키외]

　　유튜브-중앙선거관리위원회-[고전 속 민주주의]-몽테스키외/법의 정신

[칸트]

　　유튜브-홍알정-[홍정민 교수의 정치철학 이야기]-자유주의: 칸트

[페더럴리스트]

　　네이버-열린연단-[문화정전]-37강. 페더럴리스트 페이퍼 – 박명림

[헤겔]

　　유튜브-홍알정-[홍정민 교수의 정치철학 이야기]-자유주의: 헤겔

[토크빌]

　　네이버-열린연단-[교양서 20]-9강. 토크빌 〈아메리카의 민주주의〉 – 최장집

[존 스튜어트 밀]

　　유튜브-중앙선거관리위원회-[고전 속 민주주의]-7회 밀/자유론

[카를 마르크스]

　　유튜브-홍알정-[홍정민 교수의 정치철학 이야기]-사회주의: 마르크스

📖 **관련된 책**

〈정치란 무엇인가?〉 – 함재봉

〈정치사상사〉 – 앨런 라이언

〈서양 근대 정치 사상사〉 – 강정인, 김용민 외

## 2. 국제관계

지금의 국제질서는 하루가 다르게 급변하고 있다. 일반인들이 따라잡기에는 쉽지 않다. 그야말로 자고 나면 변한다고 하는 지금의 국제관계 배경에는 어떤 것이 있는지, 신문이나 뉴스를 통해서는 알아내기가 어렵다. 따라서 1991년 소련 붕괴 이후 지금까지 30여 년간의 국제질서를 이해하는 것이 현시대를 살아가는 사람들한테는 무엇보다 중요하다고 생각한다.

다음의 강좌를 통해서 차근차근 알아 가겠지만, 탈냉전 후 미국 중심의 일극 체제에서 지금 미국과 중국이 패권 경쟁하는 시대로 접어들었는데 거기에는 어떤 역사적 배경이 있는지, 우크라이나 전쟁의 원인, 또 그동안 미국과 친했던 사우디아라비아가 왜 중국과 손을 잡으려고 하는지, 공급망 재편이 뭔지 등 일반인들이 이걸 분석적으로 이해하는 것은 한계가 있다고 생각한다.

저자가 소개하는 강좌에서 알 수 있듯이 '네이버-열린연단'에서 지금 하고 있는 '오늘의 세계'나 그전 몇 개의 강좌에서 이걸 심도 있게 분석하고 있다.

그동안 네이버는 '열린연단'을 통해서 각 분야의 우리나라 최고 전문가를 초빙해서 훌륭한 강의와 토론으로 우리들에게 많은 도움을 주고 있고 자료도 많이 축적되어 있다. 네이버가 유익한 일을 하고 있다고 생각하고

동영상으로 인문학 공부하기

항상 이야기하듯이 고마울 따름이다. 저자 개인적으로는 이번 열린연단의 '오늘의 세계' 시리즈를 통해서 많은 것을 배울 수 있었다.

각 분야의 국내 최고 석학들이 수십 년간 연구해 온 것을 잘 정리해서 일반인들도 이해할 수 있도록 발표와 토론을 해 주고 있다. 복잡한 오늘의 세계, 국제질서를 항상 이야기하듯이 이런 강좌가 아니면 알 수가 없는 것이다. 이런 발표와 토론을 전 국민을 상대로 정규방송에서도 해야 한다고 생각한다. 미국과 중국 등 강대국에 둘러싸여 있는 우리로서는 국제정세를 잘 파악하는 것이 과거 역사를 되풀이하지 않도록 좌우를 떠나서 모두가 관심을 가져야 한다고 생각한다. 미국에 붙을 것인가? 중국에 붙을 것인가? 불필요한 소모 정쟁만 하고 있을 때가 아니다.

---

**🖱 강좌 사이트**

네이버-열린연단
-[자유와 이성]
　-43강. 자유주의적 국제질서의 위기 - 전재성
　-45강. 미-중 관계와 패권 경쟁의 미래 - 최병일
-[오늘의 세계]
　-1강. 총론: 오늘의 세계 - 최장집
　-2강. 탈냉전과 세계화 이후 국제질서 - 윤영관
　-3강. 지역 질서와 지역기반 국제정치: 세력 전이와 아태 지역 질서 -
　　김재철
　-4강. 자유주의 세계질서와 도전들 - 전재성
　-5강. 시장과 경제의 세계화와 탈세계화 - 임현진
　-6강. 에너지 안보와 국제질서 - 이재승
　-7강. 공급망과 국제 관계 - 이재민

---

〈미중전쟁의 승자, 누가 세계를 지배할 것인가?〉 - 최병일

동영상으로 인문학 공부하기

# 3. 사회학

사회학은 사회적 현상과 사회 구성원들의 행동, 상호작용, 조직, 문화 등을 연구하는 학문 분야이다. 이를 통해 사회적인 현상들을 이해하고 설명하며 사회의 구조와 변화를 파악할 수 있다. 사회학자들은 사회적 현상을 조사하고 분석하여 사회적 패턴과 특성을 규명하며, 이를 통해 사회적인 문제들을 이해하고 해결하는 데 기여한다. 사회학은 다양한 주제와 영역을 다루며 인간 행동, 가족, 교육, 노동, 불평등, 범죄, 문화, 정치 등 사회의 다양한 측면을 연구한다. 사회학의 목표는 사회의 이해를 통해 더 공정하고 효과적인 사회를 조성하는 데 기여하는 것이다. 따라서 사회학은 인간사회를 이해하고 개선하는 데 매우 중요한 학문 분야로서 사회적 문제의 해결과 지속적인 사회발전에 큰 영향을 미친다.

저자는 이과 출신 전공자이지만 막연하게나마 사회학 전공자들을 부럽게 생각한다. 인간은 수많은 사람들이 모여 집단적으로 살아가는 사회적 동물이 아닌가. 사회 내의 여러 가지 현상들을 분석하고 이해해서 사회통합을 이뤄서 다 같이 잘 살아가는 해법을 찾아내려고 노력하는 매력적인 학문이라고 개인적으로 생각한다. 전 서울대학교 사회학과 한완상 교수가 대학교에 입학할 때, 왜 모두가 부러워하는 의대를 가지 않고 사회학과를 가냐고 물으니까 자기는 인간 한 사람의 내부 구조를 알아서 문제를 해결해 주는 것보다도 수많은 사람이 살고 있는 사회 전체를 연구하는 것이 스케일이 훨씬 크고 멋있는 작업이 될 거 같아서 지망하게 되었다고 들은 적이 있다. 요즘 의대를 선호하는 세상에서는 이해하기 힘든 훌륭한 생각이라고 여긴다. 한국 정치 현실에서도 법률을 전공한 사람보다도 사회학을 전공한 사람들이 정치권에 많이 진출했으면 좋겠다는 생각이 든다. 그런 연장선상에서 한 가지 덧붙이자면 전 서울대 사회학과 송호근 교수가 최근 낸 〈21세기 한국 지성의 몰락〉에서 '만인의 만인에 대한 투쟁' 같은 상황 속에서 사서 욕먹고 싶지 않은 한국의 지식인 그룹은 입을 다물었다고 말하고 있다. 유권자의 표만 의식해서 선동하는 정치가들이나 좌, 우 또는 진보, 보수 골수분자들에 맞서 한국사회를 철저히 분석하고 있는 사회학자들뿐만이 아니라 각 분야의 전문가들이 뒤로 숨지 말고 목소리를 높여야 한다고 생각한다.

**🖱 강좌 사이트**

유튜브-TV 단독자-사회학 프로젝트
유튜브-오마이TV-김호기 교수의 사회학 고전 읽기 1~2
[오귀스트 콩트]
　유튜브-지혜를 찾아서-철학-오귀스트 콩트: 실증주의, 사회학
[카를 마르크스]
　유튜브-함께하는 세계사-유럽사
　　-어떻게 역사를 바꾼 사상가가 되었을까?
　　-마르크스는 어쩌다 혁명가가 되었을까?
　유튜브-솔나무-경제와 사회-경제와 사회 07 경제사회학자 맑스

　　　　　　　　　　동영상으로 인문학 공부하기

[허버트 스펜서]

　유튜브-지혜를 찾아서-철학-허버트 스펜서: 사회진화론, 적자생존

[에밀 뒤르켐]

　유튜브-중앙선거관리위원회-[고전 속 민주주의]-사회분업론

[게오르그 짐멜]

　유튜브-솔나무-경제와 사회-경제와 사회 09 경제사회학자 짐멜

[막스 베버] 유튜브-솔나무-경제와 사회-경제와 사회 08 경제사회학자 베버

[위르겐 하버마스] 유튜브-중앙선거관리위원회-[고전 속 민주주의]-공론장
　의 구조변동

[윌리엄 그레이엄 섬너]

　유튜브-현자타임의 5분 사회 탐구-현자타임의 사회 문화-내집단? 1차집
　단? 이익사회? 집단의 구분(섬너, 쿨리, 퇴니스)

[쿨리, 미드]

　유튜브-유아교육:유아임용:호호안쌤-사회관계 자아개념(쿨리, 미드)

　유튜브-팝콘사회학-[사회학자 STORY]-미드, 쿨리의 '상징적 상호작용론'

[퍼디낸드 퇴니에스]

　유튜브-TV 단독자-사회학 프로젝트-게마인샤프트&게젤샤프트

[소스타인 베블런]

　유튜브-팝콘사회학-[사회학자 STORY]-베블렌의 '유한 계급론'

[탈코트 파슨스]

　유튜브-팝콘사회학-[사회학자 STORY]-구조기능주의, 자원론적 행위론

[로버트 파크]

　유튜브-TV 단독자-사회학 프로젝트-로버트파크의 마지막 맨, 고전행정학

[마르셀 모스]

　유튜브-TV 단독자-사회학 프로젝트-뒤르켐이 아꼈던 조카, 마르셀 모스의
　이론

[빌프레도 파레토]

　　유튜브-팝콘사회학-[사회학자 STORY]-파레토의 '엘리트 순환론'

[조지 호만스]

　　유튜브-팝콘사회학-[사회학자 STORY]-조지 호만스의 '교환이론'

[칼 폴라니]

　　유튜브-팝콘사회학-[사회학자 STORY]-칼 폴라니의 '거대한 전환'

[어빙 고프먼]

　　유튜브-팝콘사회학-[사회학자 STORY]-어빙 고프먼의 '연기론'

[로버트 머튼]

　　유튜브-팝콘사회학-[사회학자 STORY]-로버트 머튼의 '아노미 이론'

[브레이버만]

　　유튜브-팝콘사회학-[사회학자 STORY]-'노동과 독점자본'

[C. 라이트 밀스]

　　유튜브-팝콘사회학-[사회학자 STORY]-'그건 당신의 잘못이 아니다'

[데이비스, 무어]

　　유튜브-팝콘사회학-[사회학자 STORY]-데이비스와 무어의 '계층이론'

[카를 만하임]

　　페이퍼르네상스-현대철학

　　　-이데올로기는 우리 머릿속에 없다/칼 만하임

　　　-세대 문제에 대하여/칼 만하임

📖 **관련된 책**

〈사회학 베스트 30〉 - 다케우치 요우

〈사회학 용어 도감〉 - 다나카 마사토, 가츠키 타카시

〈사회학 입문〉 - 김윤태

〈사회 사상사〉 - 루이스 코저

〈사회학의 쓸모〉 - 지그문트 바우만

# VI.
# 윤리 · 정의

# 1. 윤리

 윤리는 인간의 행동과 행동의 근거를 탐구하고 판단하는 데 관련된 철학적인 분야를 의미한다. 이는 옳은 행동과 그렇지 않은 행동, 선량하고 비선량한 행동을 구별하고 인간이 가져야 할 가치와 도덕적 원칙을 탐구하는 학문이다. 윤리는 사회적, 문화적, 종교적 배경 등에 따라 다양한 가치관과 도덕적 기준이 존재할 수 있다. 그러므로 윤리적 문제와 결정은 상황에 따라 다르게 받아들여질 수 있다. 예를 들어 살인은 대부분의 윤리적 기준에서 부정적으로 평가되지만 전쟁이나 자기 방어의 상황에서는 예외적으로 인정되기도 한다.

 윤리학은 주로 두 가지 주요 접근방식으로 연구된다. 첫 번째는 이론적 윤리학이다. 이론적 윤리학은 추상적인 원리와 개념을 사용하여 행동의 옳고 그름을 판단하고 윤리적인 결정을 내리는 데 초점을 둔다. 이러한 접근 방식은 가장 근본적인 윤리적 원칙을 탐구하는 데 중점을 둔다. 두 번째는 실용적 윤리학이다. 실용적 윤리학은 특정 상황이나 문제에 대한 해결책과 지침을 제시하는 데 초점을 맞춘다. 이론적 윤리학의 원리를 실제 상황에 적용하여 실용적인 해결책을 찾으려는 접근 방식이다. 윤리학은 개인적인 도덕적 선택에서부터 정부와 기업의 윤리적 책임, 사회적 정의 등 폭넓은 주제를 다룬다. 이러한 연구들을 통해 사회와 개인의 행동에 대한 이해를 높이고 더 나은 사회와 세상을 구축하기 위한 지침을 제시하려는 목적을 가지고 있다.

**🖱 강좌 사이트**

네이버-열린연단-[윤리]-1강. 윤리와 인간의 삶 - 김우창

유튜브-철학TV

  -[윤리학 강의]

  -[2021] 윤리학이란 무엇인가?

  -[아리스토텔레스 윤리학]

  -[2021] 아리스토텔레스 윤리학

  -[칸트 윤리학]

  -[2021] 칸트 윤리학

  -칸트 [윤리 형이상학 정초]

  -[2023] 칸트 [윤리 형이상학 정초] 강의

유튜브-5분 뚝딱 철학-인터뷰-메타 윤리학이란 무엇인가? - 김신

유튜브-지혜의 빛-지혜로 빛나는 현대철학-존 듀이: 메타 윤리학

**📖 관련된 책**

〈윤리학 원리〉- G.E 무어

〈실천윤리학〉- 피터 싱어

〈더 나은 세상〉- 피터 싱어

# 2. 정의

　정의란 공평하고 공정한 원칙에 따라 모든 개인과 집단에게 동등한 대우를 제공하는 것을 의미한다. 이는 어떤 상황이든 객관적이고 합리적인 기준에 따라 사람들에 대한 존중과 균형을 이루는 것을 목표로 한다. 정의는 사회적으로 공유되는 가치와 규범에 기반하여 결정되며 문화, 역사, 법률, 철학 등 다양한 영역에서 그 의미와 적용 방식이 다양하게 이해될 수 있다. 다양한 사회와 문화에서 각각 다른 정의의 개념과 적용이 이루어지며 이로 인해 상대적인 성격을 띠기도 한다. 정의를 실현하기 위해 법과 제도가 중요한 역할을 한다. 법은 사회적 기준을 확립하고 공정한 규율을 제공하여 사회의 안정과 질서를 유지한다. 정의는 모든 인간의 기본적인 인권을 존중하고 보호하는 데 중요한 가치를 두고 있다. 정의는 사회적으로 격차가 벌어지는 현상에 대한 대응과 사회적 불평등을 해소하는 데 관심을 두고 있다. 정의는 개인적 이익보다는 공공의 이익과 사회적 가치를 우선시하는 것을 추구한다. 정의는 이상적인 상태로서 완벽하게 구현되지는 않을 수 있지만 사회와 법률체계의 발전과 사회적 의식의 변화를 통해 더 공정하고 평등한 사회를 구축하고자 하는 목표로 지속적으로 노력되어야 한다.

한국 사람들은 유독 '정의'에 관심이 많다고 생각된다. 마이클 샌델 교수의 〈정의란 무엇인가?〉 책이 백만 부 이상(?) 팔렸다고 한다. 또한 사돈이 논을 사면 배가 아플 정도로 '평등'에도 유달리 관심이 많다고 생각된다. 그 사회적인 배경은 저자가 사회학자가 아니기 때문에 알 수 없지만 어렴풋이 그런 생각이 드는 것이다.

요즘 한국 사회에서 핫한 이슈 중 하나가 정의와 평등이다. 하지만 정의란 시대적 상황에 따라서 개념과 적용이 다를 수 있어 현시대에서 정의의 개념을 정확히 파악하기가 쉽지 않다.

먼저 우리가 알아야 할 것은 '정의의 변천사'가 아닐까 한다. 플라톤 시대부터 정의를 이야기했다. 그때는 물론 노예를 제외했지만 각자가 자기 본분에 맞는 일을 열심히 하는 게 정의로운 사회라고 여겼다. 그 후로 공리주의부터 시작해서 롤스, 샌델, 로직, 왈처에 이르기까지 수많은 이론들이 있어서 이런 개념들을 먼저 파악하는 게 중요한 거 같다.

공리주의의 '최대 다수의 최대 행복'이 우리를 유혹하더라도 그 후에 전개된 여러 가지 사상을 숙지하여 최대 다수로부터 소외된 사람들까지 모두를 아우를 수 있는 이론들을 개발하고 적용함으로써 조금 더 정의로운 사회를 만들어 가야 하지 않을까 생각한다.

🔍 **강좌 사이트**

모바일앱-ebs class e-공정이란 무엇인가? - 김범수

유튜브-시나페홀로, 철학하다-[정의란 무엇인가 영상강의] 도식을 통해 한
   방에 정리하기

유튜브-철학TV
   -[벤담과 밀의 공리주의]
   -[2021] 벤담과 밀의 공리주의
   -[롤스와 샌델의 정의론]
   -[2021] 롤스와 샌델의 정의론

유튜브-in Dark-마이클 샌델-정의

유튜브-지혜의 빛-지혜로 빛나는 특강-존 롤스: 정의론

유튜브-5분 뚝딱 철학-현대철학-롤스, 노직, 왈처: 정의란 무엇인가?

📙 **관련된 책**

〈정의란 무엇인가〉 - 마이클 샌델

〈한국 사회에서 공정이란 무엇인가?〉 - 김범수

〈공정하다는 착각〉 - 마이클 샌델

〈정의론〉 - 존 롤즈

# VII.
# 종교

종교는 인간들의 신념과 믿음, 영적인 관심사에 관련된 체계적인 신앙과 실천의 형태를 가리키는 개념이다. 종교는 보통 초월적인 존재(신, 신들), 영적 세계, 우주의 기원과 의미, 삶의 목적, 도덕과 윤리적 지침 등을 포함하는 종합적인 철학 체계를 형성한다. 또한 종교는 집단의 유대감을 형성하고 사회적 행동을 규제하며 종교적 신앙의 실천을 통해 영적인 만족과 안정을 추구한다. 종교는 인간 사회의 역사와 문화와 밀접하게 연관되어 있으며 다양한 종류와 형태가 존재한다. 예를 들어, 기독교, 유대교, 불교, 힌두교, 사찰 도교 등은 세계적으로 큰 종교적 그룹들이며, 지역별로도 다양한 종교들이 존재한다.

## 1) 세 종교

　종교학자 막스 밀러는 '단 하나의 종교만을 알고 있는 것은 모든 종교에 대해서 모르는 것과도 같다'라는 말을 했다.

　서로 다른 종교와 그 신도들에 대한 이해는 존중과 상호 배려의 기반이 되고 이를 통해 다양한 문화와 전통을 이해하고 편견을 줄일 수 있다. 다양한 세계관, 가치관, 철학을 접할 수 있어 개인의 사고의 폭을 넓히고 다양한 시각을 받아들일 수 있는 능력을 키운다. 이로 인해 종교 간의 오해나 갈등을 예방할 수 있으며 자신의 신념과 가치관에 대해 깊이 생각해볼 수 있다고 생각한다. 종교 간의 갈등이 인류 역사에 얼마나 많은 해를 입혔는가. 요즘 한국 사회에서의 종교 간의 갈등도 만만치 않다고 생각한다. 종교를 가지고 있는 사람이나 그렇지 않은 무신론자들도 각 종교가 추구하는 철학을 정확하게 앎으로서 서로를 이해할 수 있고 또한 비판적인 시각을 가지고 바라볼 수 있다고 생각한다.

## 힌두교

| 🖱 강좌 사이트 |
| --- |
| 유튜브-서울대학교AsIA지역인문학센터-2022 AsIA문명지식학교, 아시아인들의 역동성 2강. 인도 신화의 세계관<br>유튜브-플라톤아카데미TV-[인문학 캠프] 힌두교와 인도의 사상체계 - 김상근<br>유튜브- 코리안아쉬람TV-인도철학과 힌두교 |

| 📄 관련된 책 |
| --- |
| 〈인도철학강의〉 - 아카마쓰 아키히코<br>〈힌두교〉 - 길희성 |

## 불교

모바일앱-BBS불교방송

-[인문학강의] 붓다 빅퀘스천/불교를 다시묻다/붓다 패러다임

-불교의 세계관과 인간관 1~5 - 한자경

-[#불교를다시묻다]

(1) 왜 불교의 핵심 가르침은 '사성제'인가(일묵스님)

(2) '세상과 존재'를 바라보는 부처님의 시각, 관점

(3) 존재를 이루는 물질과 정신은 어떻게 일어나는가

(4) 괴로움의 진리 '고성제'와 '집성제'

(5) 괴로움의 소멸 '멸성제'와 '도성제'

(6) 팔정도의 8가지 요소들 간의 관계를 통한 불교수행

모바일앱-BTN불교TV

-동훈스님: 보살 이야기

-강신주: 주인공으로 살아가기

네이버-열린연단

-[고전]-15강. 〈화엄경〉 - 이효걸

-[패러다임]

-1강. 혜능, 동아시아 불교의 탄생 - 인경 스님

-3강. 선과 일본 불교의 성격 - 원영상

유튜브

-한국불교 대표방송 BTN-윤회와 무아의 현대적 의미 1~2부 - 한자경

-인도에서 중국으로 불교문화 전래되는 과정 - 자현 스님

-자현스님과 떠나는 붓다로드

유튜브-인생은 붓다처럼-인도불교의 사상과 역사 - 김성철

유튜브-원교사-중국불교사 강의

유튜브-아는스님TV-불교란 무엇인가! 그것이 알고 싶다!-제10-1~10-2강 한
국불교

유튜브-한국종교발전포럼

  -종교인문학특강 제73회: 불교의 핵심사상, 연기 - 한자경

  -종교인문학특강 제92회: 불경 - 신규탁

유튜브-채자왈-동양철학

  -불교의 무아론: 세상은 메트릭스, 인간은 게임 속 유닛

  -유식론: 무아론과 윤회론의 모순해소

유튜브-계피생강의 지식탐구-불교인물 이야기

유튜브-지혜의 빛-지혜로 빛나는 동양철학: 불교철학이 이해한 시간의 성질,
시간이란?

## 📖 관련된 책

〈자현스님이 들려주는 불교사 100장면〉 - 자현

〈미네소타주립대학 불교철학 강의〉 - 홍창성

〈사찰의 비밀〉 - 자현

〈금강경 강해〉 - 김용옥

〈한 권으로 읽는 화엄경 이야기〉 - 카마타 시게오

〈인문학을 좋아하는 사람들을 위한 반야심경〉 - 야마나 테츠시

〈매달린 절벽에서 손을 뗄 수 있는가?〉 - 강신주

〈벽암록〉 - 원오 극근, 혜원 역

〈불교는 왜 진실인가?〉 - 로버트 라이트

## 기독교

모바일앱-ebs class e

   -구약의 사람들 - 주원준

   -고대근동 3천 년과 이스라엘 - 주원준

   -〈마태복음서〉, 하늘에서와 같이 땅에서도⋯ - 김학철

네이버-열린연단-[문화정전]

   -20강. 그리스 로마 문화와 그리스도교의 만남 - 박승찬

   -21강. 〈성경〉 사도행전, 고린도 전후서 - 김회권

   -[교양서 20]-2강. 〈성경〉 마태복음, 요한복음, 욥기 - 김회권

유튜브-김홍주 신부-성경과 교회의 역사-성경의 역사 간단 정리 1~3

유튜브-현승원TV-성경이야기-2시간 만에 끝내는 성경 전체 풀버전

유튜브-지혜의 빛-지혜로 빛나는 특강-기독교란 무엇인가?-기초 소개편

유튜브-cbcTV가톨릭 컨텐츠의 모든 것-그리스도교, 서양문화의 어머니 - 박
   승찬

유튜브-황필구 신부 사목 채널-세계사와 함께 보는 가톨릭 교회사

유튜브-문명여행자-그리스도교 역사

유튜브-USB: 유튜브바이블스쿨-얇고 넓은 기독교상식-눈으로 듣는 개신교
   7대 교파 탄생 스토리

유튜브-한국종교발전포럼-종교인문학특강 제93회: 성경 - 김진호

유튜브-인문학 브런치-철학과 종교

   -역사적 맥락을 통해 이해하는 기독교 - 도올 김용옥

   -사도 바울의 철학에 대한 역사적 이야기 - 도올 김용옥

📘 **관련된 책**

〈알수록 재미있는 그리스도교 이야기〉- 박승찬

〈한 역사학자가 쓴 성경이야기〉- 김호동

〈하나님나라 신학으로 읽는 요한복음〉- 김회권


## 2) 종교학, 종교철학

🖱 **강좌 사이트**

모바일앱-아트앤스터디-종교철학입문 - 박정하

모바일앱-ebs class e-신 이야기(신에게 던지는 열두 가지 질문) - 정진홍

네이버-열린연단-[오늘의 세계]- 32강. 21세기 종교와 종교 갈등 - 김회권

유튜브-지혜의 빛

　　-지혜로 빛나는 특강-종교란 무엇인가?-기초 소개편

　　-지혜로 빛나는 종교-이슬람이란 무엇인가?

　　-유교는 종교인가? 철학인가?

유튜브-파로이코스-종교란 무엇인가?

유튜브-심도학사-길희성 교수의 종교 10강

유튜브-한국종교발전포럼-종교인문학특강 제87회: 유일신 종교의 기원과

　　전개 - 오강남

유튜브-ewhauniv-[이화학술원 교수포럼] 신의 고향은 어디인가? - 정진홍


📘 **관련된 책**

〈세계종교의 역사〉- 리처드 할러웨이

〈종교학의 이해〉- 유요한

## 3) 심층종교, 종교심리학, 신비주의 등

유튜브-한국종교발전포럼-종교인문학특강 제72회: 종교의 표층과 심층 – 오
  강남

유튜브-오마이스쿨-출퇴근 인문학

  –성해영의 '종교란 무엇인가?'

  –성해영의 '종교 심리학과 신비주의'

  –성해영의 '유교, 하늘과 인간의 종교'

유튜브-정목스님의 유나방송-유나아카데미

  –성해영 교수, 요즘 종교를 말하다

  –종교 이제는 달라져야 한다

  –신비주의를 둘러싼 오해

  –바람직한 종교생활이란?

  –종교체험과 인간 마음의 재발견

📖 관련된 책

〈종교, 이제는 깨달음이다〉 – 오강남, 성해영

〈진짜 종교는 무엇이 다른가〉 – 오강남

# VIII.
# 영성 · 명상

# 1. 영성

영성은 신념과 종교와 관련된 것이 아닌 인간의 정신적인 차원과 깊은 내면적 경험과 관련된 개념이다. 영성은 신체적, 정신적, 사회적 삶의 더 깊은 의미와 목적을 탐구하고 이해하는 데에 중요한 역할을 한다. 종교적 신념에 국한되지 않으며 사람들의 개인적인 경험과 성장, 자기계발, 윤리적 가치, 이해력과 지혜 등과 연결된다. 영성은 개인의 내면적 경험과 연관되어 있다. 이는 종교적인 경험뿐만 아니라 명상, 기도, 철학적인 고찰 등을 통해 이루어지기도 한다.

영성은 삶의 목적과 의미를 탐구하는 데 초점을 둔다. 인생의 깊은 질문에 대한 답을 찾는 데에 도움을 주며 더 높은 존재와의 관계를 추구하는 것을 의미할 수도 있다. 영성은 윤리적인 가치와 성장을 중요시한다. 자기계발과 다른 사람들과의 관계에서 도전적인 측면을 강조한다. 영성은 내면적인 평화와 안정을 추구하고 인간과 세계 간의 연결과 관계에 주목한다. 자연, 환경, 다른 사람들과의 상호작용을 보다 존중하는 데 중요한 역할을 한다. 이는 개인적인 경험과 가치관에 따라 다양하게 이해될 수 있으며 종교나 신앙과 별개로 존재하는 개념이다. 많은 사람들이 영성적인 요소를 가지고 있으며 이를 통해 더 의미 있는 삶을 살고자 한다.

동영상으로 인문학 공부하기

## 🖱 강좌 사이트

유튜브-한국종교발전포럼-종교인문특강 제111회: 종교에서 영성으로 - 길희성

유튜브-홍익학당-윤홍식의 고전특강-인류 영적 각성의 핵심

유튜브-SAM cafe-기독교와 신비주의

유튜브-예도TV-철학적 신학-마이스터 에크하르트의 신론

유튜브-ONE STAR-023 켄 윌버: 모든 것의 역사

## 📖 관련된 책

〈종교에서 영성으로〉- 길희성

〈마이스터 에크하르트의 영성 사상〉- 길희성

〈영적 휴머니즘〉- 길희성

〈모든 것의 역사〉- 켄 윌버

# 2. 명상

명상은 정신적인 집중과 내면의 평정을 이루기 위해 의도적으로 정적인 상태에서 명심하거나 집중하는 심리적인 행위다. 명상은 다양한 형태와 기법을 가지고 있으며 주로 숨쉬기, 집중, 기도, 반성 등을 포함하여 수행된다. 명상은 종교적인 연습이 될 수도 있고 비종교적인 문화에서도 사용되며 심리적인 안정과 현실적인 효과를 가져올 수 있다. 명상의 특징을 열거해 보겠다.

- 집중과 명심: 명상은 마음을 집중하고 내면에 명심하는 행위이다. 머릿속의 잡생각들을 조용히 해소하고 현재의 순간에 집중하는 것이 목표다.
- 정적인 상태: 명상은 주로 조용하고 정적인 환경에서 수행된다. 이는 몸과 마음을 편안하게 만들어 주어 명상의 효과를 극대화한다.
- 심신의 휴식: 명상은 심신의 휴식을 이루는 데 도움을 준다. 스트레스와 불안을 해소하고 내면의 평정과 안정을 찾을 수 있다.
- 정서적 조절: 명상은 감정과 정서를 조절하는 데 도움이 된다. 부정적인 감정을 수용하고 긍정적인 마음으로 접근하는 자세를 갖출 수 있다.

동영상으로 인문학 공부하기

- 심리적인 혜택: 명상은 심리적인 혜택을 제공한다. 집중력 향상, 창의
성 증진, 자기 인식의 향상, 더 나은 집중력, 정서적인 안정 등이 이에
포함된다.

명상은 종교적인 실천이 될 수도 있으며 철학적인 이해와 관련된 연습
이 될 수도 있다. 또한 정신적인 안정과 평화를 추구하는 데에 도움을 주
는데, 세계적으로 많은 사람들이 명상을 일상적인 실천으로 채택하여 정
서적인 복지를 개선하고 질 좋은 삶을 살기 위해 활용하고 있다. 하지만
명상의 역사는 깊고 다양한 문화와 종교적 전통 속에서 발전해 와서 명상
의 종류 또한 수없이 많다. 원시 종교와 주술의 일환으로서 명상, 고대 인
도의 베다경전에 기술된 명상, 붓다가 명상을 통해 깨달음을 얻은 후 초
기 불교의 핵심 연습 중 하나가 된 명상, 불교가 중국으로 전파된 후 우리
나라까지 들어와 선종에서 행해지고 있는 명상, 티벳불교의 명상, 초기 기
독교 수도승과 이슬람 전통에서 행해지고 있는 명상 등 다양한 종류의 명
상방법을 정확히 알기는 쉽지 않다. 그래서 우리가 그중에 하나를 취사선
택해서 명상을 하는 것도 어려움이 있는 것 같다. 수많은 명상센터가 도
처에 많이 있는 이유가 아닌가 생각된다.

현대의 명상은 이러한 전통적인 명상기법과 현대 과학, 심리학, 의학 등
의 연구 결과를 접목하여 다양한 방식으로 변화하고 발전해 왔다. 그렇게
발전해 온 명상이 21세기에는 전통적인 종교나 문화적 맥락을 넘어서 현
대인의 일상 속에 뿌리를 내리고 있다. 과학적 연구와 기술의 발전으로
명상의 효과와 방법이 다양하게 변화하고 발전하고 있는 것이다.

저자가 생각하기에 현대인들은 전통적 명상기법(예를 들면 초기 불교

명상과 선불교에서 하는 명상 등)과 지금 유행하고 있는 21세기 명상을 다 같이 공부, 체험하고 나서 자기에 맞는 맞춤형 명상을 찾아 시간과 공간에 제약받지 않는 일상의 일부로서 명상을 적용하여 심신의 안정을 추구하면 좋겠다는 좁은 소견을 이야기해 본다.

---

**🔎 강좌 사이트**

모바일앱-ebs class e-마음근력 키우는 내면소통, 명상(삶을 바꾸는 명상) – 김주환

유튜브-자현스님의 쏘댕기기-자현스님의 명상 비법, 명상의 모든 것

유튜브-제따와나선원

유튜브-원제스님의 스토리텔링-에크하르트 톨레의 삶과 깨달음

유튜브-한국불교 대표방송 BTN-김홍근 교수의 마음치유 시즌 2

유튜브-써니즈: 함께 성장-나는 누구인가?-이 질문을 해결하면 삶의 모든 문제가 풀린다/불멸의 의식, 라마나 마하리쉬

---

**📖 관련된 책**

〈디팩 초프라의 완전한 명상〉 – 디팩 초프라

〈삶으로 다시 떠오르기〉 – 에크하르트 톨레

〈지금 이 순간을 살아라〉 – 에크하르트 톨레

〈나는 누구인가〉 – 라마나 마하리쉬

〈의식 수준을 넘어서〉 – 데이비드 호킨스

〈놓아버림〉 – 데이비드 호킨스

동영상으로 인문학 공부하기

# IX.
# 문학과
# 그 외 책들 소개

네이버-열린연단

　-[고전]

　　-17강. 셰익스피어 〈로미오와 줄리엣〉 - 임철규

　　-18강. 괴테 〈파우스트〉 - 김수용

　　-37강. 나쓰메 소세키 〈마음〉 - 윤상인

　　-38강. 루쉰 〈아Q정전〉 - 전형준

　　-39강. 발자크 〈고리오 영감〉 - 이동렬

　　-40강. 플로베르 〈마담 보바리〉 - 김화영

　　-41강. 가르시아 마르케스 〈백년의 고독〉 - 송병선

　　-42강. 헤세 〈수레바퀴 아래서〉, 〈데미안〉 - 문광훈

　　-43강. 도스토옙스키 〈죄와 벌〉 - 석영중

　　-44강. 체호프 〈갈매기〉 - 박현섭

　　-45강. 쿤데라 〈농담〉 - 유종호

　　-46강. 타고르 〈안과 밖〉 - 로이 알록 꾸마르

　　-47강. 염상섭 〈만세전〉, 〈삼대〉 - 홍정선

　　-48강. 서정주 〈미당 시 전집〉 - 김우창

　　-49강. 김동인, 이태준, 김유정, 김동리 단편소설 - 이남호

　　-50강. 김소월 〈진달래꽃〉, 정지용 〈시 전집〉 - 유종호

　-[패러다임]

　　-28강. 〈겐지 모노 가타리와〉와 일본 문학의 원형 - 이미숙

　　-29강. 〈홍루몽〉과 변혁의 중국 - 최용철

　　-30강. 톨스토이, 문명과 인간 - 석영중

　　-31강. 프루스트, 현대 소설의 기원 - 김화영

　　-32강. 〈임꺽정〉, 한국어의 보고 - 유종호

　　-33강. 카프카와 현대인의 초상 - 편영수

　　-34강. 릴케, 시로 읽는 오늘 - 김우창

-[교양서 20]

   -17강. 〈당시삼백수〉 - 유병례

   -18강. 톨스토이 〈안나 카레니나〉 - 성영중

   -19강. 〈도스토옙스키〉, 〈카라마조프가의 형제들〉 - 김연경

   -20강. 제인 오스틴 〈이성과 감성〉 - 문광훈

-[문화정전]

   -11강. 당-송시 - 김준연

   -47강. 괴테와 독일 문화 - 오순희

   -48강. 발자크 〈잃어버린 환상〉과 인간극 - 송기정

   -49강. 제인 오스틴의 소설들 - 윤지관

   -50강. 너 새니얼 호손과 허먼 멜빌 - 강우성

   -51강. 예이츠, 조이스, 아일랜드 정치와 문화 - 허현숙

   -52강. 로베르트 무질과 유럽 문화 - 신지영

-[오늘의 세계]

   -30강. 21세기 문학의 흐름과 방향 - 신형철

유튜브-도시책방-지식산책, 문예사조-문예사조 처음부터 끝까지 순서대로

유튜브-ONE STAR(해우비책)-많은 책 소개와 책 요약본 파일을 다운 받을 수 있음

## 나가면서

숨 가쁘게 달려온 기분이다. 너무나 많은 동영상을 소개한 것 같다. 그동안 저자가 시청했던 것을 중심으로 나열했지만 분량이 만만치는 않다. 인문학 공부에 처음 입문하는 경우는 될 수 있으면 처음부터 차례대로 시청하는 것을 권한다. 그렇지 않은 경우는 파트별로 보는 것이다. 예를 들면 불교에 대해서 알고 싶으면 불교 강좌를 순서대로 보고 난 후에 기독교, 힌두교를 보고 그다음에 종교학, 종교철학 강의를 듣고 심층종교까지 차례대로 시청하면 소위 말하는 요즘 사람들이 믿는 '종교'에 대해서 어느 정도 감을 잡을 것이다. 그다음에 영성이나 명상 쪽으로 관심을 갖게 되는 것이다. 예술도 마찬가지다. 서양 미술을 알게 되면 서양 건축에 대해서 알고 싶고, 그다음에 클래식 음악이나 기타 장르의 예술도 관심을 갖게 되고 다양한 예술을 즐길 수 있으며 나중에는 '미란 무엇인가?' 하고 미학 공부도 하게 되는 것이다.

저자는 밀리언셀러인 〈지적 대화를 위한 넓고 얕은 지식〉이 처음 나왔을 때 여행을 가기 위해 용산역에서 기차를 기다리는 동안 역사 안 서점 좌판대에서 우연히 발견하게 되었다. 책 제목에 이끌려 내용을 대충 훑어

보니 '이거야말로 인문학 입문자들이 읽어야 할 책이다'라고 무릎을 치고 바로 구매해서 하룻밤에 읽은 적이 있다. 그때 바로 선풍적인 인기가 있을 거라고 예감했던 것이다. 현대 사회는 어느 정도 깊이가 있는 넓은 지식이 요구된다. 저자는 소위 '지성인'이란 자기 전공뿐만 아니라 타방면에도 어느 정도의 지식을 가지고 있어야 한다고 생각한다. 법률가, 의사, 정치가, 경제학자, 과학자, 종교인들이라도 자기 전공 외에 타 분야에 대해서 무지하다면 진정한 지성인이라고 말할 수 없다. 우리가 흔히들 이런 사람들을 지성인이라고 부르고 본인들도 그렇게 생각하고 있다. 하지만 전혀 그렇지 않다.

이걸 다르게 생각해 보면 누구나 지성인이 될 수 있다는 것이다. 직업, 학력, 경제력, 출신성분에 관계없이 조금만 노력하면 충분하다. 앞서 이야기했지만 과거에는 불가능했던 것이다. 벌어 먹고 살기 위해서 시간이 없다고 이야기할 수 있다. 또는 너무 어려워서 이해하기 어렵다고 할 수 있다. 요즘 세상에 이걸 가능하게 해 주는 게 동영상 강의다. 공부하기 위해 다시 대학에 들어갈 수는 없지 않은가? 그래서 동영상 강의를 열심히 보고 거기에 관련된 책을 보는 것이다. 처음부터 어려운 책과 씨름하다간 포기하기 십상이다. 물론 결국에는 책을 통해서 더 많은 지식을 획득해야 하지만 그건 다음 문제다. 술 마시는 모임에 조금 덜 나가거나 텔레비전 연속극이나 유튜브 오락물 보는 것을 줄임으로써 해결할 수 있다. 어려운 한 가지 개념도 다수의 전공자들로부터 여러 각도의 다양한 설명을 들으면 이해할 수 있는 것이다.

최근 유튜브 '5분 뚝딱 철학'의 김필영 박사가 올려놓은 '평범한 광장과 비범한 밀실'이 있다. 여기서 '광장'은 벌어 먹고 사는 삶의 현장이고 '밀실'

은 자기만의 공부방, 내면의 공간이다. 우리는 각자 이 내면의 공간이 필요하다. 우리는 이걸 소중히 여기고 가꿔야 삶의 질이 올라갈 수 있다고 생각한다. 거듭 이야기하지만 우리는 셀 수도 없을 만큼의 다양한 직업에 종사하면서 각자 자기만의 특기가 있다. 모두가 철학자, 과학자, 인문학자처럼 그 방면에 깊은 지식을 가질 수가 없는 것이다. 하지만 누구나 나 자신과 세계를 더 잘 알기 위해서는 자기 전문 분야와 관계없이 최소한의 인문학 소양이 필요하다고 생각한다.

그러면 이렇게 복잡하고 어렵고 머리 아픈 공부를 해서 뭐 하려고? 이렇게 이야기할 수 있다. 특히 극단적 자본주의에 푹 빠져 있는 우리로서는 돈 많이 벌어서 좋은 아파트에 살고 가정생활 잘하고 맛있는 거 사 먹으면서 적당히 취미 활동 하면서 사는 게 행복하다고 여긴다.

혹자는 빌딩을 빨리 소유해서 일하지 않고도 편하게 사는 게 더 행복하다고 여길 것이다. 부인할 수 없다. 지금 한국사회에서 가장 행복한 삶인 것이다. 하지만 수천 년에 걸쳐서 동서고금의 모든 현자들이 그러한 삶은 결코 행복하지 않다는 것을 다 밝혀 놓았다. 거기에는 불안과 공허함이 도사리고 있을 뿐이다. 행복한 삶을 위해선 인간과 세상을 철저히 분석해서 지금까지 내놓은 해법을 우리는 쫓아가야 한다.

심리학이나 진화심리학에서 연구한 인간의 욕망을 정신분석학에서는 더 철저히 분석했으며 요즘 뇌과학 등에서는 더 과학적으로 분석하고 있다. 불교를 포함한 종교에서는 욕망을 잘 컨트롤해서 행복하게 사는 방법을 가르쳐 주고 있다. 또한 근대까지는 한 사람의 합리적인 이성이 중요시되어 왔지만 구조주의 이후 여러 학자들이 타자의 중요성, 더불어 다 같이 잘 사는 것이 더 행복한 삶이라는 것을 수많은 연구를 통해서 우리에게 보여 주고 있다. 이런 사상사적인 흐름을 알아야 한다는 것이 우리가 인문학을 공부해야 할 첫 번째 이유라고 생각한다. 두 번째는 사람들과의 소통이다. 한 가지 예를 들자면 항상 우리 사회에서 문제가 되어 갈등을 일으키는 정의 및 평등에 관한 것이다. 선천적으로 가지고 태어난 지능, 신체적 조건, 집안 배경 등에 관계없이 누구나 똑같은 선상에서 자기가 열심히 노력한 만큼 혹은 운이 따라서 얻어진 만큼 자기가 가져가는 것, 이것만이 곧 정의이고 평등이라고 여기는 사람들이 저자 주위에도 부지기수로 많다. 앞서 정의론에 대해서 여러 강좌를 시청해 봤거나 관련된 책을 읽어 본 사람들은 알겠지만 거기에는 차등의 원칙, 기회균등의 원칙, 공동체주의 등 다양한 이론들의 발전사가 있다. 여러 가지 이론들을 알고 있는 사람들이 많을수록 사회 내 소통이 잘 이루어지고 갈등을 이겨 내며 더 나은 결론을 얻을 수 있지 않겠는가? 또 한 가지, 창조론과 진화론 및 빅뱅 우주론 논쟁이다. 양쪽 다 알고 나서 토론해야 한다. 진화론과 우주론을 공부하지 않은 사람과는 대화 자체가 안 되는 것이다.

마지막 세 번째는 농담 같지만 인문학 공부해서 친구들한테 자랑하는 것이다. 처음 어떤 강좌에서 이 이야기를 들었을 때 깜짝 놀란 적이 있었는데 곰곰히 생각해 보면 터무니없는 말은 아닌 것 같다. 소크라테스는 '반추하지 않는 삶은 의미가 없다'고 했다. 끊임없이 반성하고 더 나은 삶을 위해 노력해야 한다. 그러기 위해선 여러 가지 다른 방법들도 많겠지만 인문학 공부가 필수라고 생각한다. 공부라고 하지 말고 한 가지 취미라고 여기는 게 좋을 거 같다. 평생 관심을 가지고 살아가야 하기 때문이다.

친구들과의 대화가 애매성, 호기심, 잡담 수준에 그치지 말고 더 좋은 삶을 위한 대화가 오고 가면 더 바람직하지 않겠는가. 그때 자기가 공부했던 지식을 친구한테 자랑하고 또 친구의 말을 듣는 것이다. 물론 그런 말이 오고 간다고 해서 삶이 더 나아지지는 않겠지만, 소크라테스가 또 말했던 거 같다. '삶을 고양시키는 대화를 하는 것 그 자체만으로도 큰 의미가 있다'고 말이다.

끊임없는 공부와 대화가 우리를 행복한 삶으로 이끌어 줄 것이다. 저자 개인적으로도 인문학 공부 전과 후는 상당한 변화가 있었다고 생각한다.

책을 끝내려고 하니까 약간의 창피한 감정이 밀려오는 것 같다. 저자는 철학, 과학, 인문학을 전공한 자가 아니다. 이과 출신으로 전문직에 종사하고 있는 평범한 사람일 뿐이다. 전문 분야 외에 타 분야의 전체적인 흐름을 꿰뚫지 못하고 있었다. 그리고 생활하면서 마음 한구석에 말로 표현할 수 없는 공허함이 항상 자리 잡고 있었던 것이다. 별다른 생각 없이 다른 사람들과 비슷하게 열심히 돈 벌어서 취미 활동 하고 그냥그냥 사는 게 잘하고 있는 것인지 항상 의문이 들었다. 그동안에 가끔씩 인문학 서적 등을 읽어 보면서 공부를 하려고 여러 번 시도했지만 신통치 않았다. 저자 또한 책 읽는 게 습관화되어 있지 않았다. 그러던 와중에 우연히 '아트앤스터디'라는 인문학 사이트를 알게 되었고 이정우 교수의 철학사 강의를 시작으로 거기에 있는 여러 강좌를 시청하면서 인문학 공부에 빠져들게 되었다. 그다음부터 저자가 열거해 놓은 차례대로 유튜브를 포함한 여러 동영상 강좌를 듣고 관련된 책을 가끔씩 읽으면서 여기까지 온 것이다. 전공자들이 볼 때는 우습게 생각할 수 있지만 저자의 경험을 일반 독자들에게 소개하고 공유하기 위해서 이 책을 쓴 것이다. 일종의 안내서이다. 독자들의 넓은 아량을 바란다.

마지막으로 강좌 하나 소개하고 마치려고 한다. 모바일앱 ebs class e에

　　　　　　　　　동영상으로 인문학 공부하기

있는 '마법 같은 삶을 살고 싶으신가요?'(이종태)이다. 그동안 복잡하게 인간과 세계를 보아 왔지만 이 세상을 wonderful하고 meaningful하게 보자는 것이다. 그래도 이 세상은 살 만한 가치가 있는 경이롭고 의미 있는 곳이 아닌가?

2023. 10. 30. 김 현

# 부록: 네이버-열린연단의 강좌 차례표

## [주제]

주제1. 공적 영역의 위기

      1강. 문화의 안과 밖 - 김우창

      2강. 오늘의 사회와 문화 - 유종호

      3강. 학문의 중립성과 참여 - 최장집

      4강. 한국경제와 공공 영역 - 이정우

      5강. 정치적 인간 - 박상훈

      6강. 디지털 세계와 사회 - 이재현

주제2. 공적 영역의 구성

      7강. 과학과 문화 - 오세정

      8강. 교양교육의 이념 - 손동현

      9강. 예술경험과 '좋은' 삶 - 문광훈

      10강. 정치와 도덕 - 최장집

      11강. 공공 공간의 행동 윤리 - 이승환

      12강. 공공 공간과 여론 - 김민환

주제3. 문화예술과 현실

      13강. 문학과 시장 - 유종호

      14강. 현실의 예술적 재구성 - 김우창

      15강. 철학과 삶 - 김상환

      16강. 출사와 은둔 - 배병삼

      17강. 문학의 현실 참여 - 염무웅

## [고전]

## [윤리]

43강. 장인과 직업 윤리 - 유진영

44강. 종교, 윤리, 세속사회 - 이혁배

45강. 금욕, 체념, 달관 - 장영란

46강. 영적 훈련의 고전 - 성해영

47강. 경건, 경, 존중, 바이오필리아 - 이승환

48강. 보편윤리-자비, 인, 인인애 - 강영안

49강. 관용과 신념 - 김용환

50강. 세계화, 다문화 시대의 윤리 - 김우창


## [패러다임]

주제1.  철학/사상

1강. 혜능, 동아시아 불교의 탄생 - 인경 스님

2강. 루터와 칼뱅, 종교개혁과 근대사회 - 이양호

3강. 선과 일본 불교의 성격 - 원영상

4강. 스피노자의 모더니티 - 박기순

5강. 비코를 이해하기 위하여 - 조한욱

6강. 아도르노와 비판 이론 - 문광훈

7강. 들뢰즈와 철학의 귀환 - 김상환

8강. 한나 아렌트와 정치철학 - 박명림

9강. 윌리엄 제임스, 미국과 실용주의 - 정해창

10강. 박지원과 조선 그리고 근대 - 이승환

주제2.  과학/과학철학

11강. 조지프 니덤과 동양의 과학 - 이문규

12강. 허준과 동아시아 의학의 집성 - 신동원

## [근대성]

**[삶의 지혜]**

## [문화정전]

주제1.  총론

    1강. 윤리와 세계 이해: 이성과 감정 - 김우창

주제2.  동아시아 문명의 정전

    2강. 유교 경전의 확립과 전개 - 신정근

    3강. 정주 성리학 그리고 다른 학통들 - 이승환

    4강. 한중일의 유학 수용 - 김언종

    5강. 〈논어〉, 〈맹자〉 - 안외순

    6강. 〈대학〉, 〈중용〉 - 신창호

    7강. 〈금강경〉 - 박인성

    8강. 〈육조단경〉 - 김진무

    9강. 〈노자〉, 〈장자〉 - 김시천

    10강. 사마천 〈사기〉 - 김병준

    11강. 당-송시 - 김준연

    12강. 실학의 전개 - 임형택

주제3.  서양 고전과 그 역사적 의미 - 희랍적 전통

    13강. 희랍과 희랍철학: 하나의 개관 - 이태수

    14강. 희랍 비극의 세계 - 유종호

    15강. 플라톤 〈티마이오스〉 및 기타 대화편 - 강성훈

    16강. 아리스토텔레스 〈니코마코스 윤리학〉, 〈정치학〉, 〈시학〉 - 손병석

    17강. 헤로도토스 〈역사〉 - 김경현

    18강. 호메로스 〈일리아스〉, 〈오디세이아〉 - 김헌

    19강. 마키아벨리와 마키아벨리즘 - 김경희

41강. 헤겔 〈정신현상학〉, 〈법철학〉, 〈역사철학 강의〉 - 유헌식

42강. 홉스 〈리바이어던〉 - 최장집

43강. 마르크스 이후의 마르크스주의 - 강신준

44강. 케인즈와 하이에크 - 김균

45강. 후설과 현상학 - 이남인

46강. 푸코 〈말과 사물〉 - 김상환

47강. 괴테와 독일 문화 - 오순희

48강. 발자크 〈잃어버린 환상〉과 인간극 - 송기정

49강. 제인 오스틴의 소설들 - 윤지관

50강. 너새니얼 호손과 허먼 멜빌 - 강우성

51강. 예이츠, 조이스, 아일랜드 정치와 문화 - 허현숙

52강. 로베르트 무질과 유럽 문화 - 신지영

## [교양서 20]

주제1. 서양 사상

1강. 플라톤 〈국가〉 - 이종환

2강. 〈성경〉 마태복음, 요한복음, 욥기 - 김회권

3강. 아리스토텔레스 〈니코마코스 윤리학〉 - 이창우

4강. 데카르트 〈방법서설〉 - 이재환

5강. 마키아벨리 〈군주론〉 - 박상훈

6강. 루소 〈사회계약론〉 - 김용민

7강. 칸트 〈실천이성비판〉 - 정대훈

8강. 헤겔 〈정신현상학〉 - 김상환

9강. 토크빌 〈아메리카의 민주주의〉 - 최장집

**[오늘의 세계]**

주제5.  오늘의 과학 기술